Liebe und Dankbarkeit

Titel der Originalausgabe:
Mizu To Uchu Kara No Message
(engl.: Message from Water and the Universe)

Published by Hado Kyoiku-Sha Co., Ltd., Tokyo

Masaru Emoto:
Liebe und Dankbarkeit

Projektleitung: Marianne Nentwig
info@kamphausen.media

Übersetzung: Dr. Monika Lubitz
Lektorat: Christian Salvesen
Umschlaggestaltung: Wilfried Klei
Typografie/Satz: KleiDesign
Druck und Verarbeitung:
PB Tisk, a.s. Czech Republic

www.kamphausen.media

8. Auflage 2025

Bibliografische Information der Deutschen Nationalbibliothek
Die Deutsche Nationalbibliothek verzeichnet diese
Publikation in der Deutschen Nationalbibliografie;
detaillierte bibliografische Daten sind im Internet
über **http://dnb.de** abrufbar.

ISBN 978-3-89901-326-9

Masaru Emoto

Liebe und Dankbarkeit: Der universelle Lebenscode

Wasser – lebendiger Botschafter

Kommentare zum Buch

„Ich liebe Masaru Emotos Arbeit mit Wasser. Sie ist so klar und einfach. Sie ist ein perfektes Beispiel dafür, wie unsere Gedanken unseren Körper und unsere Welt beeinflussen. Sprich liebevoll mit dem Wasser und es lächelt; schreie es an und das Wasser erschaudert. Können Sie sich vorstellen, wie unser Geist und Körper auf unsere Gedanken und Wörter reagieren, wenn unser Körper hauptsächlich aus Wasser besteht? Wie Dr. Emoto schon sagt: ‚Alle Antworten liegen im Wasser.'

Louise L. Hay, Autorin des
New-York-Times-Bestsellers
Heile Deinen Körper u. a.

„Masaru Emoto, dessen Name bereits für Wasser, sein Gedächtnis und seine Sensibilität steht, schrieb aus den Tiefen seines Herzens eine Botschaft nieder. Er weiß, dass Verwirrung in der Welt herrscht und dass wir mehr über die wahre Natur des Wassers und die wahre Essenz des Lebens wissen müssen, über Themen, zu denen er Antworten in und durch das Wasser findet. Er sieht, wie sich ein neues Bewusstsein entwickelt und möchte dazu beitragen: Er verpflichtet sich bis zum Ende der kritischen Periode, also bis Ende 2012, die Welt als Wassermissionar zu bereisen. Sein Buch und seine Botschaft berühren die Herzen und verdienen es, ernst genommen zu werden."

Dr. Ervin Laszlo, Mitglied des
„Club of Budapest", Autor

„In seinen außerordentlichen Büchern hat Dr. Masaru Emoto schon lange Pionierarbeit geleistet für ein Konzept, das in der Grundlagenforschung der Lebenswissenschaften erst seit kurzem betrachtet wird: die einzigartige Fähigkeit des Wassers, unsere Gedanken und Absichten zu speichern. Dieses so trügerisch einfache Werk hat immense Auswirkungen auf die Heilung der Menschen und des Planeten."

Lynne McTaggart, Autorin von internationalen Bestsellern, u. a. *Intention* und *Das Nullpunkt-Feld*

„Dr. Emoto hat es wieder geschafft! Sein neuestes Buch Liebe und Dankbarkeit *katapultiert uns in eine mächtige, neue und holistische Art und Weise, über uns selbst in der Welt nachzudenken! Dadurch schlägt er eine Brücke zwischen den Naturwissenschaften der Zukunft und dem Jetzt, wenn er uns zeigt, wie die Welt unsere Erfahrungen reflektiert – der universelle Lebenscode zeigt uns den Weg zu Heilung, Friede und Freude! Dieses Buch liefert unserem Intellekt die Gründe dafür, endlich zu akzeptieren, was unsere Herzen bereits intuitiv wissen. Wir sind ein Teil von allem, das da existiert, und unsere täglichen Entscheidungen haben über das Offensichtliche hinausgehende Konsequenzen. Es gibt noch so viel mehr aus den Botschaften des Universums zu lernen, aber wir können das, was wir bereits wissen, einsetzen, um bessere Menschen zu werden und eine bessere Welt zu schaffen!"*

Gregg Braden, Autor u. a. des Bestsellers *Im Einklang mit der göttlichen Matrix*

Vorwort

Fünfzehn Jahre sind vergangen, seitdem es uns im Jahre 1994 zum ersten Mal gelang, einen Wasserkristall zu fotografieren.

Es dauerte mehr als zwei Monate von der Idee, einen Wasserkristall auf Film zu bannen, und dem Beginn des Versuchs durch einen Mitarbeiter meines Forschungslabors bis zur erfolgreichen Aufnahme. Doch ich erinnere mich noch heute daran, wie sehr uns alle an diesem Tag die erste geglückte Fotografie eines Wasserkristalls bewegte. Sie zeigte die hexagonale Form eines schönen und reinen Kristalls. Diese Schönheit fesselte mich

Die erste Wasserkristall-Fotografie

sogleich und seitdem haben wir die verschiedensten Wasserkristalle fotografiert.

Wasser ist geschmack-, geruch-, farblos und durchsichtig. Aber je nach Umfeld und der Information, der es ausgesetzt wurde, zeigt es uns tatsächlich Wasserkristalle in vielfältigen Formen.

Quellwasser, Grundwasser, berühmte Gewässer Japans und aus aller Welt, sowie qualitativ gutes Wasser aus dem Oberlauf der Flüsse bilden schöne Wasserkristalle. Im Gegensatz dazu weisen Leitungswasser, Regenwasser und Wasser aus dem Unterlauf der Flüsse kaum einen Kristall auf. Im Laufe unserer Arbeit kamen wir auf die Idee, dem Wasser Musik vorzuspielen oder ihm ein Stück Papier, auf dem Worte geschrieben standen, zu zeigen und dann eine Kristall-Fotografie zu vorzunehmen. Worte wie „Danke", „Liebe" oder „Dankbarkeit", die auf universellen Prinzipien beruhen, bildeten Formen von regelmäßigen Sechsecken. Hingegen brachte Wasser, dem „Dummkopf", „Krieg" und andere negative Worte gezeigt wurden, keine schönen Kristalle zustande.

Wasser, das berühmte klassische Stücke wie Beethovens *Pastorale* oder Tschaikowskys *Schwanensee* „gehört" hatte, zeigte prachtvolle Kristalle. Im Gegensatz dazu waren die Kristalle von Wasser, das Heavy-Metal-Musik ausgesetzt war, in kleine Splitter zersprungen. Ich denke, dass sich auch hier der Einfluss negativ behafteter Worte zeigt, die in den Texten der Heavy-Metal-Musik vorkommen.

Wasser nimmt Informationen so auf, wie sie ihm geboten werden, und gibt sie getreu in der Form eines Kristalls wieder.

Aus meiner langjährigen Erfahrung in der Wasserforschung bin ich zu der Überzeugung gekommen, dass Wasser Informationen speichern und diese weitergeben kann. Diese Überzeugung wird in wunderbarer Weise durch die Wasserkristall-Fotografien gestützt.

Viele Jahre lang wurden in meinem Labor Tag für Tag eifrig Kristall-Fotografien angefertigt. Angesichts dieser riesigen Sammlung von Wasserkristall-Fotografien keimte irgendwann einmal der Wunsch in mir auf, diese Botschaft des Wassers an viele Menschen weiterzugeben.

Dieser Wunsch wurde mit dem Buch *Die Botschaft des Wassers* verwirklicht, in dem zum ersten Mal Wasserkristall-Fotografien veröffentlicht wurden (im Original: Hado Kyoikusha, 1999, deutsche Übersetzung: KOHA Verlag, 2002). Dieses Buch wurde damals von allen Verlagen abgelehnt, denen ich meinen Projektentwurf vorlegte, so dass es schließlich im Selbstverlag meiner Frau erschien. Deshalb konnten wir zu Beginn auch nicht die Vertriebswege des Buchhandels nutzen und mussten selbst fleißig die bestellten Exemplare versenden.

Später aber sollte *Die Botschaft des Wassers* eine Reaktion hervorrufen, die meine Erwartungen bei weitem übertraf. Da ich mir wünschte, dieses Buch würde in aller Welt gelesen werden, hatte ich zum Glück eine englische Übersetzung beigefügt, so dass es sich nicht nur in Japan, sondern in der ganzen Welt zu verbreiten begann. Bis heute ist es einschließlich der Folgebände in 45 Sprachen übersetzt und in etwa drei Millionen Exemplaren verkauft worden. Inzwischen wurde

Die Botschaft des Wassers, KOHA 2002

ich in über 65 Länder zu Vorträgen eingeladen, und die Anzahl meiner Vorträge in Japan und im Ausland übersteigt schon die Tausendermarke. So schlug ein vor zehn Jahren pipettierter Tropfen Wasser in der ganzen Welt hohe Wellen.

Kristall eines Wassers, das die Worte „Liebe und Dankbarkeit" auf Japanisch gesehen hatte

Für eine Wasserkristall-Fotografie werden etwa 0,5 ml Wasser in einer Petrischale gefroren. Da der Kristall bei Zimmertemperatur sofort schmelzen würde, müssen meine Mitarbeiter die Fotografien in einem besonderen Kühlraum bei minus 5 °C anfertigen. Die meiner Ansicht nach schönste Fotografie von den zigtausend Bildern, die sie bisher gemacht haben, zeigt den oben abgebildeten Kristall von einem Wasser, das 24 Stunden lang die Worte „Liebe und Dankbarkeit" gesehen hatte.

Was meinen Sie? Finden Sie nicht auch, dass die anmutige Form, die sich wie eine Blüte entfaltet, ein sehr geheimnisvolles, edles Licht ausstrahlt? Diese erhabene

Schönheit kann in meinen Augen nicht von Menschenhand sein. Von allen Kristall-Fotografien, die bis heute gemacht wurden, hält einzig und allein dieses Bild mein Herz gefangen. Warum bilden gerade die Worte „Liebe und Dankbarkeit" einen solchen überaus stilvollen und schönen Kristall?

Diese Frage beschäftigte mich damals sehr. Wenn ich jetzt zurückblicke, dann beinhaltet dieses Bild bereits die überaus wichtige Botschaft, die ich auch heute noch Ihnen allen vermitteln möchte.

Auf den folgenden Seiten möchte ich mit Ihnen die Wahrheit teilen, die mir der Kristall aus „Liebe und Dankbarkeit" offenbart hat.

Warum ist es so wichtig, sich mit dem Kristall aus „Liebe und Dankbarkeit" zu beschäftigen? Das hängt ganz stark mit der Zeit zusammen, in der wir heute leben.

Die Welt befindet sich in großem Aufruhr und wir stehen vor einem wichtigen Wendepunkt. Viele Menschen haben das Gefühl, dass die Menschheit angesichts dieses Umbruchs viele schwierige Probleme überwinden muss. Wirtschaftliche Probleme, Energie- und Umweltprobleme, Bildungsprobleme und neue Krankheiten, die unsere Gesundheit bedrohen. Dazu kommt noch unser Problem mit dem Gegensatz von Leben und Tod … Viele Menschen sind sich unsicher, wie sie sich in diesen von Chaos geprägten Zeiten verhalten sollen.

Wenn wir aber die Botschaft des Wassers hören, gibt es keine Schwierigkeiten mehr.

Eine wichtige Ursache für die heutige Unruhe liegt darin, dass wir noch nichts über das Wesen des Lebens und der Welt erfahren haben. Diese Wahrheiten offenbaren uns das Wasser und der Kristall aus „Liebe und Dankbarkeit".

Seit meiner Kindheit beschäftigte ich mich immer wieder mit folgenden Grundfragen: „Woher bin ich gekommen? Warum bin ich hier? Wohin gehe ich nach dem Tod?" Auch als Erwachsener habe ich mich – getrieben von kindlicher Neugier – mit diesen Fragen auseinandergesetzt, bin mit 43 Jahren dem Wasser begegnet und habe mich dann seiner Erforschung verschrieben. Während ich die Wahrheit über das Wasser suchte, fand ich eine Antwort darauf, warum wir in diese Welt geboren wurden, warum wir leben und sterben. Das Wasser führte mich dann weiter zu anderen wichtigen Themen, wie zum Beispiel: „Wie sollen wir leben, damit wir glücklich werden? Wie entstand das Universum?" Bezüglich all dieser Fragen gelangte ich zu meinen eigenen Überzeugungen.

Ein Meilenstein auf dem Weg zu diesen Überzeugungen war die Begegnung mit dem Kristall aus „Liebe und Dankbarkeit".

Vom Wasser lernte ich, dass die Worte „Liebe und Dankbarkeit" am schönsten klingen.

Gerade diese Worte werden wohl die wichtigsten Schlüsselbegriffe für unser Leben in dieser Zeit des Aufruhrs.

Ein Leben in Liebe und Dankbarkeit ist die ursprüngliche Form des menschlichen Lebens, seine schönste Form.

Ich bezeichne die Menschen, die selbst vor Liebe und Dankbarkeit strahlen als „Botschafter der Liebe und Dankbarkeit". Wenn alle Menschen der Erde zu Botschaftern der Liebe und Dankbarkeit geworden sind, wird die Erde wohl in alle Ewigkeit strahlen.

An dem Tag, an dem Sie als Botschafter der Liebe und Dankbarkeit wiedergeboren werden, schenke ich Ihnen dieses Buch. Ich hoffe, dass Sie diese wichtige Botschaft auf dem Weg in das nun anbrechende neue Zeitalter erreicht, wenn Sie in Liebe und Dankbarkeit leben, liebevoll und dankbar an das Wasser denken und es ehren.

1

Wasser, der Botschafter Gottes

Das Wasser kennt alle Antworten

Warum bildet Wasser, das die japanischen Schriftzeichen für „Liebe und Dankbarkeit" gesehen hat, den allerschönsten Kristall? Wir können das Rätsel anhand eines Bildes lösen.

Kennen Sie das Deckenfresko des großen Meisters der Renaissance, Michelangelo, in der Sixtinischen Kapelle? Es zeigt, wie Adam, der Urvater der Menschheit, seinen Finger ausstreckt, um Gottes Lehren zu empfangen.

Adam trachtet mit ganzer Kraft danach, Gottes Fingerspitze zu berühren, verfehlt sie jedoch um Haaresbreite. Wenn er nur direkt den göttlichen Finger berühren könnte, wäre es möglich, diese wunderbaren Lehren zu empfangen. Aber nur wenige Zentimeter trennen ihn davon. Man könnte in diesem Fresko eine gelungene Darstellung der modernen Gesellschaft sehen, die einerseits auf der Suche nach der edlen Wahrheit ist, es aber andererseits nicht schafft, von Krieg, Streit, Umweltverschmutzung abzulassen und den rechten Weg einzuschlagen.

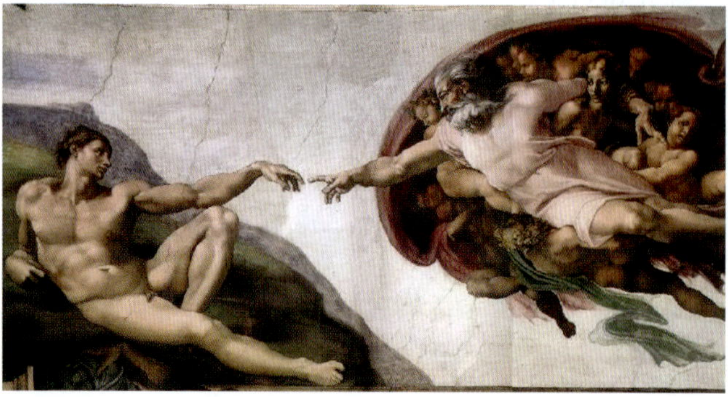

Deckenfresko in der Sixtinischen Kapelle: die Erschaffung Adams

Nach langen Jahren der Forschung bin ich zu dem Schluss gekommen, dass es etwas gibt, das die beiden Finger dennoch verbindet. Was könnte das wohl sein?

Die Antwort lautet: Es ist das Wasser! Ich bin heute der Überzeugung, dass das Wasser das vermittelnde Element ist, das die göttliche mit der menschlichen Welt verbindet.

Die göttliche Welt wird in letzter Zeit häufig auch die „fünfte Dimension" genannt. Vielleicht wissen Sie auch, dass dies auf der von der Harvard-Professorin Lisa Randall entwickelten Theorie basiert, welche die Existenz der fünften Dimension beweist, was schon für Schlagzeilen gesorgt hat. Es heißt, dass die fünfte Dimension eine unsichtbare Welt der Informationen ist, die aber einen großen Einfluss auf die dritte Dimension hat, in der wir leben.

Ich werde später noch genauer auf die fünfte Dimension eingehen. In diesem Kapitel möchte ich Sie zuerst mit den Gedanken vertraut machen, dass das Wasser der Botschafter ist, der die fünfte mit der dritten Dimension verbindet, und dass ein Zusammenhang zwischen dem Wissen über das Wasser und der Möglichkeit besteht, nach dem göttlichen Willen zu leben.

Ich habe bereits oben das Wort „Gott" verwendet, aber ich bin kein religiöser Führer und auch kein Esoteriker. Je mehr ich allerdings in den 22 Jahren die Wasserforschung vorantrieb, desto häufiger musste ich Erfahrungen machen, die mich dazu zwangen, die Existenz des Göttlichen anzuerkennen. Auch auf den folgenden Seiten wird immer wieder von Gott die Rede sein, wobei dies das Ergebnis langjähriger Forschungen und Überlegungen ist. An dieser Stelle möchte ich klarstellen, dass dieser Begriff nicht für die Gottheit einer bestimmten Religion steht.

Warum kann man denn nun behaupten, dass das Wasser ein Botschafter ist, der die Menschen mit Gott verbindet? Die Antwort gibt uns die Bibel.

„Im Anfang war das Wort und das Wort war bei Gott."

Dieser Satz steht am Anfang des Johannesevangeliums und deutet darauf hin, dass zum Zeitpunkt der Entstehung aller Dinge, zum Anbeginn der Zeit das Wort bereits existierte. Dabei gilt es allerdings, noch eine Sache zu klären: Was hat es denn eigentlich mit dem Begriff „Wort" auf sich? Ich denke, dass „Wort" hier Schwingungen meint. Man kann also diesen Satz so verstehen, dass Gott alle Dinge mittels Schwingungen schuf.

Warum kann man nun „Wort" mit „Schwingungen" gleichsetzen?

Wie Sie wissen, entstehen Worte durch die Aneinanderreihung mehrerer Laute. Laute sind Energie, genauso wie Schwingungen. Gott setzte die Schwingungen gemäß seinem Willen zusammen und schuf harmonische Worte. Auch wenn ich es hier „Worte" nenne, so war das in uralter Zeit wohl eine Schwingung, die Energie transportierte. Gott sandte diese Schwingungen auf die Erde und schuf so diese schöne Welt. Wenn man es so betrachtet, dann erscheint der tiefere Sinn dieses Satzes ganz deutlich vor unseren Augen.

Nicht nur im Christentum gibt es die Idee, dass das Wort der Ursprung der Schöpfung ist. Im Buddhismus gibt es das Mantra, ein Wort mit der Kraft, die Phänomene zu erschaffen. Im Koran, dem heiligen Buch des Islam, wird die Absolutheit des Wortes gelehrt. Auch im Hinduismus glaubt man, dass der Klang der Silbe „Om" im Sanskrit die universelle Wahrheit darstellt. Und natürlich sollte man auch nicht von der ursprünglichen Religion Japans, dem Shinto, sprechen, ohne die Kraft der Wortseele (jap. Kotodama) zu erwähnen. So stellt das Wort in allen Weltreligionen das oberste Prinzip dar. Deutet dies nicht darauf hin, dass der Ursprung der Weltschöpfung im Wort, d.h. in den Schwingungen liegt?

Die Rolle des Wassers bei der Entstehung der Erde

Wie hat denn nun Gott ganz konkret die Welt erschaffen? An dieser Stelle möchte ich kurz die Informationen zusammenfassen, die ich bisher zu dieser überaus wichtigen These in meinen Vorträgen und Büchern veröffentlicht habe. Das mag Ihnen vielleicht wie ein Abschweifen vom Thema erscheinen, aber da dies ein wichtiger Prozess war, den ich durchlaufen habe, bis ich auf das Thema dieses Buches, „Liebe und Dankbarkeit", stieß, möchte ich Sie doch bitten, mir zu folgen.

Der Ursprung der Energie zur Schöpfung aller Dinge ist die Sonne. Das brauche ich wohl nicht mehr extra zu erwähnen. Niemand dürfte abstreiten, dass ohne die Sonne nichts existieren könnte. Das Sonnenlicht verleiht uns jederzeit starke Kräfte und Lebensenergie.

Auf dieser Welt, die so liebevoll vom Sonnenlicht erhellt wird, gibt es die unterschiedlichsten Dinge. Die verschiedensten Lebewesen, angefangen bei uns Menschen; unzählige Pflanzen und Mineralien; die bewundernswerte und herrliche Natur … alles ist Teil einer unvergleichlich gut ausbalancierten Schöpfung. Ich kann letztendlich gar nicht glauben, dass diese wundervollen Geschöpfe ganz zufällig entstanden sein sollen. Wer hat diese vollkommen leere Welt, in der es nichts gab, zu so einem kunstvollen und harmonischen Gebilde gestaltet? Und wie schuf er es? Welche Rolle spielte die Energie der Sonne in dem Erschaffungsprozess dieser einzigen und einzigartigen Welt?

An dieser Stelle kommt Gott ins Spiel. Man könnte ihn auch als den Schöpfer bezeichnen. Professor Murakami

Kazuo, Emeritus der Universität Chiba und eine Koryphäe auf dem Gebiet der Genetik, nannte dieses Wesen ehrfürchtig „something Great“ (dt. „etwas Großes“).

Natürlich kann man Gott nicht sehen. Und die Geschichte der Entstehung der Erde in lange zurückliegenden Zeiten kann man nicht verifizieren. Allerdings beweist das auch nicht, dass Gott nicht existiert. Um die Wahrheit herauszufinden, muss es in der Gleichung einen Faktor X geben. Genauso ist es unmöglich, ohne die hypothetische Annahme eines Wesens X, das die Erde erschaffen hat, das Rätsel der Entstehung des Universums zu lösen. Es muss ein Wesen existieren, das diese Welt so geplant hat, dass sie ihre harmonisch perfekte Balance behält; es hat eine detaillierte Blaupause gezeichnet und sie aus dem Nichts verwirklicht. Dieses Wesen könnte man auch als den besten Künstler aller Zeiten, den allmächtigen Schöpfer bezeichnen. Ich glaube, dieses Wesen X ist Gott. Ich habe dies durch meine Studien des Wassers gelernt und stellte dann die These auf, dass es so ist. Mittlerweile bin ich davon überzeugt, dass man nicht bis zum Anfang der Schöpfungsgeschichte der Welt vordringen kann, ohne die Existenz Gottes anzuerkennen.

Die Basis für Gottes Schöpfung ist die Sonne, die unermesslich Energie spendet.

Die Sonnenenergie wird mittels Schwingungen zur Erde gesendet. Gott bündelt diese Schwingungen zu verschiedenen Lauten, die sich dann auf der Erde manifestierten. Das zeigt auch das japanische Schriftzeichen für „Laut“ (音), das sich aus „Sonne“ (日) und „stehen“ (立) zusammensetzt, also wörtlich „die Sonne steht“ bedeutet.

Wenn durch Gottes Willen die Schwingungen harmonieren, entsteht eine schöne, schöpferische Energie. Diese Energie schuf alle Wesen und Dinge auf der Erde.

Wir Menschen spürten diese Energie wahrscheinlich in den Lauten der Natur und kreierten daraus die Sprachen. Meiner Meinung nach entwickelten die Menschen in den verschiedenen Regionen eine auf die jeweiligen geografischen Eigenarten abgestimmte Sprache. So kamen wohl passend zu den natürlichen Gegebenheiten der verschiedenen Länder der Welt die unterschiedlichen Sprachen zustande.

Das wundervolle universelle System der Resonanz

Die aus den Schwingungen entstandenen Dinge dieser Welt besitzen alle ihre ureigene Frequenz. Alle Dinge und Wesen vibrieren ständig und strahlen diese Schwingung auch aus. Natürlich kann man diese Schwingungen nicht sehen, und es ist normalerweise auch nicht einfach, diese subtilen Bewegungen mit der Hand oder den Fingerspitzen zu spüren. Wenn wir plötzlich mit dieser Idee konfrontiert werden, fällt es uns schwer, für real zu halten, dass Mauern und Tische vor unseren Augen vibrieren, ja dass sogar unser eigener Körper vibriert. Aber in der Welt der Naturwissenschaften, angefangen bei der Quantenmechanik, in der sich alles in immer kleinere Teile zergliedert, besteht alles aus sehr kleinen Elementarteilchen. Und dass diese ganz leicht vibrieren, ist bereits bewiesen.

Schwingungen werden in Hertz gemessen und ein Hertz bedeutet eine Schwingung in der Sekunde. Der Frequenzbereich, den unser Ohr aufnehmen kann, ist beschränkt: Was wir als Laut wahrnehmen, bewegt sich in etwa zwischen 15 und 20 000 Hertz. Wenn vor uns nun beispielsweise eine Begonie stünde, so könnten wir sie nicht hören, da ihre Schwingungen in einem viel höheren Frequenzbereich liegen. Aber tatsächlich verströmt auch diese Pflanze ihre ganz eigenen, sehr feinen Schwingungen.

Wenn man die Schwingungen aller Dinge durch Töne ersetzen würde, könnte man diese in der Tonleiter zusammenfassen. Sie sind vielleicht erstaunt darüber, dass es so einfach sein soll, aber man kann tatsächlich alle Dinge des Universums durch einen Ton der siebenstufigen Tonleiter darstellen.

Das System, mit dem man unzählige Schwingungen mit nur sieben verschiedenen Tönen wiedergeben kann, funktioniert folgendermaßen: Auf dem Klavier sind die Tasten von den tiefsten bis zu den höchsten Tönen in Oktaven angeordnet. Genauso werden die Schwingungen eines jeden Gegenstandes von den höchsten bis zu den niedrigsten Frequenzen in Oktaven wiederholt. So können die unzähligen Frequenzen dargestellt werden.

Wie sehr sich die Frequenzen auch unterscheiden mögen, wenn sie nur den gleichen Ton ergeben, resonieren diese miteinander. Das ist das wunderbare universelle System, das Gott für uns geschaffen hat. Man nennt es das Prinzip der Resonanz. Da dies für unsere Überlegungen zur Struktur des Universums überaus wichtig ist, möchte ich es genauer ausführen:

Das beste Hilfsmittel, um in Ihnen ein Verständnis für das Phänomen der Resonanz zu entwickeln, ist die Stimmgabel. Sie wird zum Einstimmen der Instrumente und eines Chores vor einer Aufführung verwendet. Wenn man das u-förmige, metallene Teil anschlägt, erklingt ein ganz bestimmter, reiner Ton. Sicher haben Sie alle schon einmal eine Stimmgabel im Musik- oder Physikunterricht gesehen.

Nun wollen wir einen Versuch mit einer Stimmgabel machen: Wir stellen zwei Stimmgabeln mit 440 Hertz – dem Kammerton A – nebeneinander und schlagen die eine an. Sofort fängt auch die andere Stimmgabel, die wir gar nicht berührt haben, zu schwingen an. Das ist wie ein klangvolles Echo, das die Nachricht verbreitet: „Ich denke genauso wie du!" Wenn sich Töne in genau der gleichen Frequenz gegenseitig beeinflussen, gemeinsam in Schwingung geraten, spricht man von Resonanz.

Als Nächstes stellen wir neben eine Stimmgabel mit 440 Hertz eine weitere mit einer höheren Frequenz von 880 Hertz und schlagen wieder nur eine davon an. Was passiert dann? Da die beiden Stimmgabeln nicht die gleiche Frequenz haben, sollten sie nicht in Resonanz treten. Aber auch in diesem Fall geht die zweite Stimmgabel in Resonanz und beginnt ebenfalls zu schwingen. Und wenn man den Versuch mit einer Stimmgabel mit 220 Hertz durchführt, passiert dies ebenfalls.

Lüften wir das Geheimnis: Die Stimmgabel mit 880 Hertz gibt ein A von sich, das genau eine Oktave höher liegt als das A mit 440 Hertz. Wenn sich also die Frequenz verdoppelt, dann treten die Töne bis in die Unendlichkeit immer miteinander in Resonanz, egal wie stark sie sich unterscheiden mögen.

Wenn Resonanz erzeugt wird, empfängt die in Resonanz gehende Seite Energie von der anderen Seite, ohne selbst etwas dafür zu tun. Und die Seite, die als Erstes den Ton gegeben hat, empfängt von der Stimmgabel, die in Resonanz zu schwingen begonnen hatte, wiederum Energie. Durch die Resonanz beeinflussen sie sich gegenseitig und können nun unbeschränkt Energie austauschen. Angesichts dieses Phänomens kann ich nicht das Gefühl leugnen, das diese göttliche Botschaft: „Es ist wunderbar, wenn sich die Dinge gut vertragen", in mir hervorruft.

Hat nicht Gott genau diese Struktur als wunderbares lebenserhaltendes System eingerichtet, um die Natur zu bewahren und die Menschheit gedeihen zu lassen?

Allein könnten wir Menschen überhaupt nicht überleben. Gott hat das physikalische Phänomen der Resonanz geschaffen, damit alle Dinge zwar selbstständig existieren, aber in Harmonie miteinander Energie austauschen – auch wenn Gott selbst nicht auf der Erde ist.

Betrachten wir einmal den Menschen genauer: Unsere Zellen schwingen ganz sanft. Unser Herz schwingt unser ganzes Leben lang. Und wenn es nicht mehr schlägt, haben wir unseren letzten Atemzug getan. Wie man aus dem japanischen Schriftzeichen für „Leben" (命), welches das Schriftzeichen für „schlagen" (叩) beinhaltet, ablesen kann: zu leben bedeutet, dass das Leben in Schwingung versetzt wird. Das System ist jedoch so angelegt, dass der Mensch allein diese Schwingung nicht aufrechterhalten kann.

Was passiert, wenn wir nicht atmen, kein Wasser trinken und nichts essen? Wir können so ganz bestimmt nicht überleben. Um die Schwingung aufrechtzuerhalten und am Leben zu bleiben, brauchen wir Nahrung und Sauerstoff. Den Transport der Nahrungsstoffe und der Energie übernehmen Flüssigkeiten wie Wasser und Blut. Durch das Wasser werden Nahrungsstoffe und Sauerstoff in alle Zellen unseres Körpers transportiert. Hier treten Nahrungsstoffe und die inneren Organe miteinander in Resonanz und können so den Faden des Lebens weiterspinnen.

Wie zuvor bereits beschrieben, besitzen alle Dinge ihre ureigene Schwingung. Ein Veilchen hat die Frequenz eines Veilchens, eine Rose die Frequenz einer Rose. Von den verschiedenen Tieren und Mineralien angefangen bis hin zu den Stühlen und Tassen in unserem Umfeld verströmt alles seine eigene Schwingung. Ist Ihnen schon aufgefallen, dass in diesem System nur der Mensch seine eigene Frequenz selbst verändern kann?

Vielleicht sagen Sie nun: „Können wir das wirklich? Das wäre ja sehr praktisch!"

Aber es ist uns gar nicht bewusst, dass wir, wenn wir Freude, Wut, Trauer und Glück fühlen oder wenn wir uns wünschen, auf eine bestimmte Art und Weise zu leben, ganz unbewusst unsere Frequenz erhöhen oder verringern. Es gibt außer dem Menschen kein anderes Wesen auf der Erde mit dieser Fähigkeit. Außerdem hat der Mensch die wunderbare Fähigkeit zu singen. Nur der Mensch kann nach Belieben die sieben Töne der Tonleiter zum Ausdruck bringen und Lieder singen.

Das bedeutet, dass allein der Mensch mit allen Dingen in der Natur in Resonanz treten, ihnen Energie spenden und Energie von ihnen empfangen kann.

Je nach dem, wie wir diese gottgegebene Fähigkeit einsetzen, beleben wir die Welt oder wir führen sie in die Zerstörung.

Wenn wir ein Leben in Resonanz und Harmonie mit allen Lebewesen wählen, schwingt die Erde bis in alle Ewigkeit, und unser Leben und Überleben wäre wohl gesichert. Was geschieht aber, wenn die Menschen nur ihre eigenen Wünsche erfüllen und den egoistischen Weg wählen? Ich denke, dass wir uns in einer Zeit, wo die Umweltverschmutzung fortschreitet und die Schere zwischen Arm und Reich sich immer weiter öffnet, unserer wundervollen Fähigkeit bewusst werden und ernsthaft darüber nachdenken müssen, wie wir sie richtig einsetzen.

Die im Wasser verborgene Energie von Liebe und Dankbarkeit

Das Prinzip der Resonanz ist ein wunderbares physikalisches Gesetz, um den Fortbestand des Lebens zu gewährleisten. Allerdings entstehen bei den Kombinationen von Schwingungen Resonanz oder Dissonanz.

Eine Kombination von miteinander harmonierenden Schwingungen ruft Resonanz hervor. Im Gegensatz dazu erzeugt die Kombination von nicht miteinander harmonierenden Schwingungen Dissonanz. Bisher haben wir gelernt, dass gleiche Schwingungen oder miteinander harmonierende Schwingungen – egal wie sehr ihre Frequenzen sich auch voneinander unterscheiden mögen – miteinander in Resonanz treten. Auch bei uns Menschen ist dies so: Treffen sich Menschen, die „auf einer Wellenlänge" liegen, wollen die Gespräche häufig gar nicht enden. Sie können sich sogar gegenseitig aufmuntern. Wenn sich aber Menschen begegnen, die auf unterschiedlicher „Wellenlänge" leben, kommen sie gar nicht miteinander ins Gespräch und mit der Zeit kann sogar eine feindselige Stimmung entstehen, in der die Meinungen aufeinanderprallen. Das ist vom Standpunkt der Resonanz aus gesehen ein ganz natürlicher Vorgang.

Wenn ganz ähnliche – aber nicht gleiche – Töne aufeinandertreffen, entstehen Dissonanzen; und je näher sich die Töne sind, desto stärker sind diese Dissonanzen ausgeprägt. Auf meiner Reise um die ganze Welt informiere ich mich über die Verhältnisse in allen Ländern. Dabei ist mir aufgefallen, dass in jedem Land Spannungen zwischen Schwiegermutter und Schwiegertochter herrschen. Das könnte man auch darauf zurückführen, dass

Menschen auf unterschiedlicher Wellenlänge näher zusammengeführt werden. Wenn man also auch die – auf den ersten Blick schwierige – Beziehung zwischen Schwiegermutter und Schwiegertochter lediglich als ein physikalisches Phänomen betrachtet, an dem man ohnehin nichts ändern kann, könnte man es vielleicht ohne übersteigerte Emotionen einfach hinnehmen. Allerdings könnten wir in diesem Zusammenhang auch besagte Fähigkeit einsetzen und unsere Frequenz anpassen, um eine harmonische Beziehung mit dem Gesprächspartner aufzubauen.

Ich bin etwas vom Thema abgeschweift, möchte Sie aber nun einladen, einen Versuch bezüglich der Dissonanzen durchzuführen. Diesmal stellen wir neben die Stimmgabel mit 440 Hertz eine zweite mit 442 Hertz. Wenn wir nun die Stimmgabel mit 440 Hertz anschlagen, um ihr einen Ton zu entlocken, tritt die mit 442 Hertz kaum in Resonanz. Und was passiert, wenn wir beide Stimmgabeln gleichzeitig anschlagen? Sofort entstehen Schwebungen. Diese Schwebungen sind charakteristisch. Nicht zueinander passende Töne, das heißt nicht miteinander harmonierende Töne, strahlen eine zerstörerische Energie aus. Zu den zerstörerischsten Energien gehören Nuklearwaffen wie die Atombombe oder die Wasserstoffbombe.

Da die Kombination von nicht resonierenden Tönen ein Schritt in Richtung Zerstörung bedeutet, kann man damit nichts gestalten. Auch Gott dürfte bei der Erschaffung des Lebens auf der Erde nur harmonierende Töne, positive Schwingungen kombiniert haben. Und warum? Weil nur resonierende Töne über konstruktive Energie verfügen.

Wie bisher dargelegt, hat Gott durch die Kombination von Schwingungen mit schöpferischer Energie seinen

Willen und seine Wünsche auf dieser Erde verwirklicht. Die Rolle des Vermittlers spielte dabei das Wasser. Sie fragen, warum? Weil Gott das Wasser geschaffen hat, um mit Hilfe dieses wichtigen Stoffes Schwingungen weiterzuleiten.

Gott hat das Wasser geschaffen, damit er seinen Plan auf der Erde verwirklichen und seinen Willen übermitteln kann. Die Basis dieses Plans bilden die zwei darin verborgenen Energien: die Energien von Liebe und Dankbarkeit.

Wenn nun dem Wasser die Schwingungen der Worte „Liebe und Dankbarkeit" vermittelt werden, dann zeigt es ein Kunstwerk, so schön, wie es von Menschenhand nicht gemalt werden kann. Gerade so, als stamme das Design von Gott. Und an diesem Design lässt sich die pure Freude ablesen, die diese zwei Worte in Resonanz mit dem Wasser auslösen.

Mit anderen Worten: Wenn wir ein tieferes Verständnis und Einfühlungsvermögen gegenüber dem Wasser entwickeln, tritt es mit uns in Resonanz und wird uns ganz sicher freigiebig mit einer wunderbaren Energie versorgen.

Man kann sicherlich behaupten, dass der Kristall aus „Liebe und Dankbarkeit" das von Gott gegebene Licht selbst ist. Das Licht ist vollkommene Schöpfungsenergie. Durch den Kristall aus „Liebe und Dankbarkeit" können wir jetzt aus nächster Nähe diese von Gott offenbarte, grundlegende Energie sehen. Vielleicht freut sich auch Gott in diesem Moment: „Endlich haben sie es bemerkt!"

Woher kommt das Wasser?

Gott hat dem Wasser das Design von Liebe und Dankbarkeit verliehen und so der Menschheit übergeben. Aber wie ist das Wasser denn nun auf der Erde entstanden?

Bis heute gibt es die verschiedensten Theorien, warum es auf der Erde Wasser gibt. Am weitesten verbreitet ist die Theorie, dass der bei der Entstehung der Erde ausströmende Wasserdampf sich abkühlte, zu Regen wurde und schließlich die Meere bildete. Auch sehr bekannt ist die Auffassung, dass im Gestein der Erde ursprünglich Wasser vorhanden war. Doch der wahre Ursprung des Wassers ist bis heute ungeklärt. Allerdings wurde im Jahre 1997 eine These in einer japanischen Zeitung veröffentlicht, die alle bisherigen Theorien widerlegt. Ich fasse den Artikel im Folgenden kurz zusammen:

„Die amerikanische Luft- und Raumfahrtbehörde (NASA) hat zum ersten Mal ein Phänomen beobachtet, bei dem eine große Zahl von Objekten, die wie Schneebälle aussehen, aus dem Weltall auf die Erde zufliegt. Man nimmt an, dass diese Schneebälle Himmelskörper sind – wie die kleinen Kometen mit einem Durchmesser von mehreren Metern. Täglich fliegen mehrere Tausend Stück auf die Erde zu, aber wenn sie sich der Erde nähern, zerfallen sie und bilden einen Teil der Wolken. Wenn man die lange Geschichte seit der Entstehung der Erde bedenkt, dann besteht tatsächlich die Möglichkeit, dass dies eine wichtige Versorgungsquelle für Meere und andere Gewässer ist."

Die NASA berichtete in den Medien, dass auch heute noch zahlreiche Schneebälle in einer Größenordnung von mehreren Tausend Tonnen auf die Erde zufliegen. Dieser Artikel bestätigt die von Professor Dr. Louis Frank von der Universität von Iowa schon vor 15 Jahren aufgestellte These, dass das Wasser auf die Erde aus dem Universum kommt. Da diese einmalige Pressemeldung von Naturwissenschaftlern aus der ganzen Welt entweder ignoriert oder gar kritisiert wurde, diskutierte man diesen Artikel gar nicht weiter. Das ist sicher eine natürliche Reaktion, denn schließlich hätte diese Theorie gravierende Konsequenzen, die nicht nur das bis heute gültige Allgemeinwissen, sondern auch das gesellschaftliche Gefüge ändern würden. Akzeptierte man diese Theorie, wäre das naturwissenschaftliche Allgemeinwissen widerlegt und die sich auf ihre Autorität berufenden Naturwissenschaftler müssten um ihre Posten bangen.

Trotzdem ist es tatsächlich so, dass auch jetzt und heute noch aus den weiten Tiefen des Universums ein großer Schneeball nach dem anderen zur Erde geflogen kommt. Wenn ich nur daran denke, bin ich ganz aufgeregt.

Doch aus welchen Bereichen des Universums kommt dieses zu Schneebällen gefrorene Wasser her?

Da die Menschen ohne Wasser nicht leben können und ohne Wasser auch kein Leben auf der Erde entstanden wäre, geht mir diese Frage nicht aus dem Sinn. Aber auch wenn wir sie jetzt noch nicht beantworten können, liegt sein Ausgangspunkt meiner Meinung nach in der ursprünglichen Quelle des Universums, in der göttlichen Sphäre.

Der Mensch besteht aus Wasser

Der menschliche Körper besteht zu 70% aus Wasser. Man weiß, dass ein befruchtetes Ei einen Wasseranteil von sage und schreibe 96% besitzt. Der Körper eines Neugeborenen setzt sich noch zu 90% aus Wasser zusammen, während es bei einem Erwachsenen durchschnittlich nur noch 70% sind. Unser gesamtes Dasein über hält uns das Wasser am Leben, indem es im Blut und den Körpersäften die lebensnotwendigen Nährstoffe und Energie im ganzen Körper verteilt sowie die Abfallprodukte und das verbrauchte Material wieder einsammelt, um sie aus dem Körper zu leiten. Im Alter schließlich nimmt der Wasseranteil unseres Körpers allmählich ab. Deshalb mehren und vertiefen sich mit fortschreitendem Alter auch die Falten. Unser Rücken krümmt sich und wir werden kleiner. Mit uns schrumpft auch der Wasseranteil unseres Körpers. Unterschreitet dieser Anteil 50%, tut der Mensch seinen letzten Atemzug. Machen wir uns diese Tatsache bewusst: Wir Menschen sind Wasser.

Vorausgesetzt, das Wasser ist von Gott gesandt, können wir getrost glauben und behaupten, dass Gott der ursprüngliche Vater, die ursprüngliche Mutter der Menschheit ist. Ja, wir sind alle „Gottes Kinder".

Und nicht nur die Menschen! Alles Leben ist aus Wasser entstanden. Das Wasser selbst ist der Ursprung des Lebens, ein Geschenk Gottes an uns. Und nur das Wasser kann die Rolle des Vermittlers zwischen Gott und Adam im Deckenfresko der Sixtinischen Kapelle übernehmen.

Im Wasser, das auf die Erde gesandt wurde, ist die gesamte Information gespeichert, die Gott uns zugedacht hat. Also dürften darin auch die Blaupausen für das gesamte Leben als Schwingungen vorhanden sein. Um die im Wasser enthaltene Information zu materialisieren, hat Gott, so glaube ich, im nächsten Schritt das Salz zur Erde geschickt. So entstand die Mutter des Lebens, das Meer. Die als Schwingungen im Wasser vorhandenen Blaupausen verbanden sich mit dem Salz, allmählich kam es zu einer positiven chemischen Veränderung. Die Energie materialisierte sich und das Leben wurde geboren. So entfaltete sich meiner Meinung nach das grandiose Drama der Entstehung des Lebens.

Die Tatsache, dass 70% des Körpers aus Wasser besteht, gilt für Männer und Frauen, für jeden Menschen, egal welcher Nationalität, egal welchen Charakters und egal welchen Glaubens. Gott sandte das Wasser als seinen Botschafter in gleicher Weise zu allen Menschen. Als ich darüber nachdachte, bot sich mir ein anschauliches Bild darüber, wie wir Menschen unser Leben führen sollten: Wir sollten der Botschaft des Wassers, das den größten Teil unsers Körpers ausmacht, Gehör schenken und unser Leben am Willen Gottes ausrichten.

Was ist es, das Gott sich von uns wünscht? Meiner Ansicht nach zeigt uns die Kristall-Fotografie von „Liebe und Dankbarkeit“ das ganz deutlich.

Gottes Botschafter, das Wasser, formte dank „Liebe und Dankbarkeit“ einen so schönen Kristall, dass es an ein Wunder grenzt. Das ist der Beweis dafür, dass Liebe und Dankbarkeit das Konzept sind, nach dem Gott die Welt erschaffen hat. Wasser, das Schwingungen, die vom Willen Gottes beeinflusst wurden, ausgesetzt war, bildete den Kristall aus „Liebe und Dankbarkeit“ und brachte so uns gegenüber eine besondere Göttlichkeit zu Ausdruck.

Natürlich entstehen auch bei den einzelnen Worten „Liebe“ und „Dankbarkeit“ schöne Kristalle. Aber der Kristall aus der Kombination dieser beiden Begriffe besitzt eine Heiligkeit, die noch mystischer und feierlicher anmutet. Das hängt zweifellos mit der Dreidimensionalität zusammen, einem Charakteristikum unserer Welt. Die drei Dimensionen beziehen sich auf die drei Größen Breite, Tiefe und Höhe. Es ist die Welt der Formen und Massen. Man kann sie ganz allgemein als die Welt der Materie verstehen.

In dieser dreidimensionalen Welt kann sich nichts ohne die positive und negative Energie materialisieren. Ohne die Polarisierung der Energie in zwei Extreme, wie beispielsweise Tag und Nacht, Schatten und Licht, Mann und Frau, kann nichts existieren. Die beiden Energien werden in einen „gebenden Aspekt" (+) und einen „nehmenden Aspekt" (–) unterschieden.

Aus diesem Blickwinkel kann man erklären, warum das Wasser, das die beiden Worte „Liebe" und „Dankbarkeit" in ihrer Verbindung gesehen hatte, einen überaus faszinierenden Kristall bildete. In Gottes Konzept steht „Liebe" für den gebenden Aspekt und „Dankbarkeit" für den nehmenden Aspekt. „Liebe" vertritt also die aktive Energie, „Dankbarkeit" die passive. Wenn wir die Energie von „Liebe" und „Dankbarkeit" in Farben ausdrücken wollen, steht Pink für die Liebe und Grün für die Dankbarkeit. Wir sollten also immer freigiebig mit unserer Liebe sein und alles in Dankbarkeit annehmen. Meiner Ansicht nach ist die von Gott geschaffene Erde so angelegt, dass sie durch die Ausgewogenheit von Liebe und Dankbarkeit nach seinem Willen funktioniert.

Was passiert wohl, wenn Liebe und Dankbarkeit aus dem Gleichgewicht geraten? In einem solchen Zustand folgen wir nicht mehr dem Willen Gottes. Was wird Gott dann Ihrer Meinung nach tun? Wird er uns nicht ermahnen: „He, jetzt widersetzt du dich meinem Willen! Pass ja auf!"

Derzeit stecken wir in einer beispiellosen Finanzkrise und innerhalb unserer Gesellschaft ist eine unangenehme Atmosphäre zu spüren. Die Umweltzerstörung nimmt immer ernstere Dimensionen an. Vielleicht spüren immer mehr Menschen sogar auf individueller Ebene das Dilemma, da es in ihren Beziehungen kriselt und sie ihr Leben nicht so führen können, wie sie es sich gedacht hatten. Mir scheint, wir müssen uns von Neuem bewusst werden, welche Zeichen uns Gott schickt.

Andererseits wird Gott bestimmt zustimmend lächeln, wenn wir die Balance von Liebe und Dankbarkeit in unserem Leben aufrechterhalten. Wenn das Wasser in unseren Körpern harmonisch zirkuliert, können wir immer gesund und schön bleiben. Wir werden nicht von sozialer Unsicherheit und Unglück geplagt. Gerade in dieser Zeit sollten wir uns stets für eine Lebensweise entscheiden, die Gottes Willen entspricht.

Liebe und Dankbarkeit im Verhältnis von 1:2

Inzwischen wissen Sie, dass die beiden Energien von Liebe und Dankbarkeit im Wasser verborgen liegen. Als ich über das Verhältnis dieser beiden Energien nachdachte, erinnerte mich das sofort an die chemische Formel des Wassers. Die Molekularstruktur des Wassers – H_2O – bedeutet, dass auf je zwei Wasserstoffmoleküle ein Sauerstoffmolekül kommt. Dieses Verhältnis hat in der Tat eine tiefere Bedeutung.

Wenn ich diese Formel einmal auf eine unorthodoxe Art interpretiere, dann lässt sich die folgende Theorie aufstellen: Der Sauerstoff könnte für die Liebe, der Wasserstoff für Dankbarkeit stehen. Wenn man es so betrachtet, führen Liebe und Dankbarkeit im gleichen Verhältnis zueinander nicht zu einer perfekten Balance. Das bedeutet, dass der Zustand am harmonischsten ist, wenn auf „ein Teil" Liebe „zwei Teile" Dankbarkeit kommen. Das perfekte Verhältnis von Liebe zu Dankbarkeit ist nicht 1:1, sondern 1:2.

Wie sieht dieses Verhältnis von Liebe zu Dankbarkeit von 1:2 konkret aus? Mit dem folgenden Beispiel lässt sich dies, wie ich finde, besser erklären:

Nehmen wir einmal an, ich zeige bei einem Vortrag Wasserkristall-Fotografien und spreche über die Schönheit des Wassers und seine Großartigkeit. Und wenn wir nun davon ausgehen, dass alle, die meine Worte hören und die Kristallbilder sehen, von ihnen begeistert sind, Dankbarkeit empfinden und sich gestärkt fühlen, liegt das an den Schwingungen der Liebe, die ihnen vermittelt werden.

Diese Schwingungen der Liebe verwandeln sich im Herzen eines jeden Zuhörers in Dankbarkeit, die wiederum eine Schwingung hervorruft, die sofort wieder an mich als Vortragenden zurückgegeben wird. Deshalb fühle ich mich nach jedem Vortrag – egal wie müde ich vorher war – immer wieder energiegeladen und beschwingt. Das kommt daher, dass die von den Zuhörern zurückgeworfenen Schwingungen der Dankbarkeit mir Energie verleihen.

Trotzdem ist diese bei den Zuhörern entstehende Dankbarkeit zunächst einmal nur „ein Teil". Dieser eine Teil Dankbarkeit wird der Person, die zuerst Liebe gibt, erwidert. Und dann kann der „zweite Teil" Dankbarkeit an irgendeine andere Person weitergegeben werden. Die Zuhörer kehren in ihre Familien und an ihre Arbeitsplätze zurück und erzählen anderen Menschen von ihrer Begeisterung über den Vortrag.

An dieser Stelle vollzieht sich ein entscheidender Wandel: Dadurch, dass dieser Mensch einem anderen Menschen von seiner Begeisterung erzählt, verwandelt sich dieses Stück Dankbarkeit in ihm in Liebe. Dankbarkeit war ja die „nehmende" Energie, Liebe die „gebende". Indem also ein dankbarer Mensch einem anderen Menschen etwas erzählt, wechselt er von der „nehmenden Seite" auf die „gebende Seite" und die Dankbarkeit verwandelt sich in Liebe.

Der begeisterte Mensch empfindet Dankbarkeit, und wenn er seiner Familie und seinen Freunden davon erzählt, wechselt er auf die Seite über, die Liebe gibt. Wenn das Verhältnis von Liebe zu Dankbarkeit auch bei diesem Zuhörer bei 1:2 liegt, passiert bei der nächsten mündlichen Übermittlung genau dasselbe Phänomen und so weiter und so fort …

Wenn das geschieht, entsteht auf der Basis einer Information aus einem einzigen Zyklus von Liebe und Dankbarkeit eine wunderbare Kette von freier Energie, die unaufhörlich die Welt umrundet. Der springende Punkt, um diese Kette auszulösen, liegt im Verhältnis von Liebe zu Dankbarkeit von 1:2.

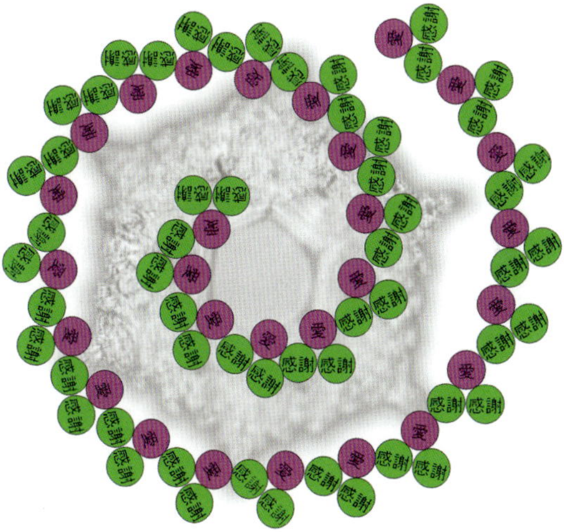

Schematische Darstellung des Zyklus von Liebe und Dankbarkeit

Das Verhältnis von 1:2 zwischen Liebe und Dankbarkeit kann auch in gewissem Sinne mit der Anordnung eines Gesichtes in Verbindung gebracht werden. Wir haben einen Mund und zwei Ohren. Ob der größte Künstler aller Zeiten, Gott, es wohl so geplant hat, weil dieses Verhältnis optimal ist?

Ich verstehe Gottes Plan folgendermaßen: Der Mensch hat einen Mund, um Liebe zu geben – und um diese Liebe in Dankbarkeit anzunehmen hat er zwei Ohren. Was würde wohl geschehen, wenn wir zwei Münder hätten? Dann wäre gleich alles anders, nicht wahr? Sicher würde es unerträglich laut werden, wenn beide Münder gleichzeitig sprächen. Wahrscheinlich gäbe es nur noch Streit auf der Welt.

Und wenn wir nur ein Ohr hätten, könnten wir gar nicht richtig verstehen, was der andere sagt. Die Kommunikation würde erschwert und viele Beziehungen würden wohl ein kümmerliches Dasein fristen. Aber glücklicherweise haben wir nur einen Mund und dafür zwei Ohren. Sicher dachte Gott, dass dies ein ausgewogenes Verhältnis sei.

Das perfekte Verhältnis von Liebe und Dankbarkeit kann man auch in der Pflanzenwelt beobachten. Nehmen wir als Beispiel die Süßkartoffel. Wir setzen also eine Saatkartoffel in die Erde. Wenn wir sie nun ohne weitere Pflege dort liegen lassen, ist es ziemlich unwahrscheinlich, dass sie weiterwachsen wird. Wenn nun aber ein Mensch sie eifrig gießt, Unkraut jätet und düngt, kurzum ihr seine Liebe gibt, lässt diese Süßkartoffel aus Dankbarkeit doppelt so viele Süßkartoffeln wachsen in dem Verhältnis, wie sie Liebe empfangen hat. Je mehr Liebe man ihr also entgegenbringt, desto mehr Kartoffeln wird man ernten. Auf diese wunderbare Weise funktioniert das Verhältnis von 1:2 von Liebe und Dankbarkeit auch in der Natur.

Über Leben, Tod und Reinkarnation

Als ich das perfekte Verhältnis von Liebe und Dankbarkeit entdeckt hatte, wurde mir auch bewusst, dass ich das für den Menschen unausweichliche und wichtige Thema von Leben und Tod mit diesen Schlüsselbegriffen erklären könnte.

Bei der Geburt eines Menschen ist immer Liebe mit im Spiel. Ein Mann und eine Frau lernen sich kennen und aus der sich nun entfaltenden Liebe wird menschliches Leben geboren. Wenn man Liebe schenkt, wird ein Mensch in diese Welt hineingeboren. Auch Vater und Mutter kamen durch die Liebe ihrer Eltern auf die Welt. Deren Eltern wiederum wurden ebenfalls durch die Liebe ihrer Eltern geboren. Wenn man so die Ahnenreihe rückwärtsschreitet, kommt man – wie bereits erwähnt – irgendwann bei Gott und seiner allumfassenden Liebe an.

Was bedeutet dann eigentlich der Tod? In meinem Alter beschäftige ich mich in letzter Zeit immer mehr mit diesem normalerweise in eine Ecke des Bewusstseins verbannten Thema. Dabei stieß ich auf folgende Episode:

Es war vor etwa 30 Jahren, als ein Sozialanthropologe zu Forschungen auf der Insel Yonaguni im südwestlichsten Winkel Japans weilte. Als er den Insel-Ältesten nach seiner Meinung zur Todesstrafe befragte, antwortete der, dass diese Strafe seiner Meinung nach abgeschafft werden müsse. Der Forscher dachte bei sich: „Das zeugt tatsächlich von einer hohen Moralauffassung dieser Kultur." Als er aber nach dem Grund fragte, sagte der Älteste: „Der Tod ist etwas Wundervolles. Deshalb kann ich nicht dulden, dass man Menschen, die Böses getan haben, den Tod schenkt."

Wenn der Tod also sinnbildlich das Verlassen dieser Welt nach bestandener Abschlussprüfung darstellt, könnte man die Worte des Ältesten so deuten, dass man einen faulen Schüler, der seine Hausaufgaben nicht richtig erledigt hat, doch um Himmels willen nicht mit halbfertiger Ausbildung von der Schule abgehen lassen könne. Das erklärt auch, warum von alters her bis heute eine Beerdigung auf Yonaguni wie ein fröhliches Volksfest gefeiert wird.

Einen Großteil unserer Menschheitsgeschichte wurde uns gelehrt, dass der Tod etwas Beängstigendes, etwas zu Verabscheuendes sei. Ist das aber wirklich so?

Wenn man mich fragte, was der Tod sei, würde ich jetzt ohne zu zögern antworten: „Das ist Dankbarkeit." Nachdem wir in diese Welt geboren wurden, haben wir in unserem Leben mit vielen Menschen zu tun, geben Liebe und nehmen sie dankbar an. Wenn unser Leben zur Neige geht, bleibt am Lebensende meines Erachtens nichts anderes als Dankbarkeit.

Stellen Sie sich doch einmal Folgendes vor: Wenn am Lebensende der Vorhang fällt, würde in Ihrem Herzen dann nicht automatisch ein „Danke" aufkeimen? Wenn Sie aus irgendeinem Grund ganz plötzlich aus dem Leben scheiden müssten, sind das wahrscheinlich nicht die passenden Rahmenbedingungen, um Dankbarkeit zu fühlen. Aber ich glaube, dass auch in diesem Fall der Mensch nach seinem Tod einen Blick zurück auf sein Leben werfen und sich in Dankbarkeit hüllen wird.

Auch zum Zeitpunkt des Todes ist es normal, dass – wie es das Verhältnis von Liebe und Dankbarkeit zeigt – nicht nur ein Teil, sondern zwei Teile Dankbarkeit entstehen. Einer der beiden Teile wird den Menschen geschickt, mit denen man sein Leben verbracht hat, und der Welt, die dieses Leben genährt hat. Von Dankbarkeit erfüllt verlassen wir diese Welt.

Den zweiten Teil der Dankbarkeit aber kann der Mensch nach seinem Abschied von dieser Welt mitnehmen. Dann verwandelt sich auch dieses Stück Dankbarkeit in Liebe. Liebe ist aktive Energie. Der Teil Dankbarkeit, der sich nach dem Tod in Liebe verwandelt, wird zur Antriebskraft für die Seele auf ihrem Weg zu einem neuen Ziel.

In Anbetracht dieser Auffassung könnte man den Tod nicht als Ende, sondern als Aufbruch bezeichnen. Aber wo liegt das nächste Ziel der Seele?

Bevor ich diese Frage beantworte, möchte ich Ihnen noch erläutern, dass unser Leben nicht nach dieser Lebenszeit endet.

Es gibt da eine Strophe in einem Gedicht von Goethe, die ich besonders liebe:

Des Menschen Seele
Gleicht dem Wasser.
Vom Himmel kommt es,
Zum Himmel steigt es,
Und wieder nieder
Zur Erde muss es,
Ewig wechselnd.

(Gesang der Geister über den Wassern)

Goethe hatte erkannt, dass unsere Essenz Wasser ist, und weist auf die Ewigkeit der Seele hin. Wenn man das Wort „Wasser“ durch „Seele“ ersetzt, wird die Tragweite dieser Zeilen noch deutlicher.

Nehmen wir einmal das Wasser in der Toilette als Beispiel. Es beklagt sich nicht, sondern übernimmt diese Rolle einfach. Wenn wir das Wasser wären, mit dem Fäkalien weggespült werden, wäre das ganz schön hart für uns. Aber das Wasser beschwert sich überhaupt nicht. Weil es weiß, dass es geklärt ins Meer fließen, dort verdampfen und zu den Wolken aufsteigen und als Regen wieder sauber zur Erde zurückkehren wird.

Bei uns Menschen ist das genauso wie beim Wasser: Wir können mehrere Male wiedergeboren werden – und zwar sowohl auf der Erde als auch in einer anderen Dimension. Es liegt an uns, auf welche Weise dies geschieht.

Es fällt vielleicht schwer, die Tatsache so einfach anzunehmen, dass der Mensch immer wiedergeboren wird.

Wenn wir alle nur ein Leben hätten, wie kommt es dann, dass jeder Mensch eine eigene Persönlichkeit besitzt? Und warum bevorzugt jeder Mensch andere Speisen, andere Musik, hat andere modische Vorlieben, einen anderen Charakter und andere Begabungen? Kann das alles „Zufall" sein? Ich glaube nicht! Wenn alles von den Genen bestimmt würde, die wir von den Eltern geerbt haben, müsste der Charakter der Kinder dem der Eltern und deren Familien ähneln. Es gibt jedoch sehr viele Beispiele dafür, dass Kinder eine sehr viel höhere Begabung aufweisen, als die Gene der Eltern dies vermuten ließen. Außerdem kommt es auch häufig vor, dass ein Kind aufgrund von Aussehen und Körperbau fälschlicherweise für das Mitglied einer anderen Familie gehalten wird. Diese Vorkommnisse könnten doch auch beweisen, dass die Erfahrungen und Anstrengungen, die dieser Mensch in früheren Leben gemacht hat, genauso fortwirken wie die Fähigkeiten, die sich die Person in einem damaligen Leben angeeignet hat.

Nach Gottes Willen wurden wir zu Wasser und aus dem Universum auf die Erde gesandt. Nachdem wir unsere Mission erfüllt haben, kehren wir zu unserem Ursprung zurück, wo wir uns auf einen neuen Kreislauf vorbereiten sollen. Das heißt, das Ziel der Seele ist vermutlich eine weit entfernte Dimension des Universums. Die Seelen, die die irdische Schule abgeschlossen haben, müssen zur Vorbereitung auf ihr nächstes Leben zunächst einmal diese Erde verlassen.

Die Anzahl der Seelen, die nicht zur nächsten Dimension aufsteigen können, das heißt nicht nach dem Willen Gottes leben und somit kein „Abschlusszeugnis" erhalten, nimmt zu. Besonders seit Beginn der Neuzeit, in der der Kapitalismus seine Blütezeit hat und der Egoismus grassiert, da sich jeder nur noch für sein eigenes Wohl interessiert, haben sich die Schwingungen unserer Seelen verlangsamt. Die Folge davon ist, dass die Erde jetzt überfüllt ist mit Seelen, die nicht problemlos die Schule absolvieren können.

Wie es im oben zitierten Zeitungsartikel heißt, erreicht auch jetzt noch immer mehr Wasser aus dem Universum die Erde. Wie die Seelen bewegt sich auch das Wasser im Universum und muss den Kreislauf durchlaufen. Mittlerweise gibt es jedoch zu viel Wasser auf der Erde. Wenn ich die Probleme betrachte, wie beispielsweise die Fluten und Tsunamis, die die Menschheit bedrohen, sowie den durch die Erderwärmung ausgelösten Anstieg des Meeresspiegels, habe ich das beängstigende Gefühl, dass der Pegel bald den kritischen Punkt überschritten haben könnte.

In der Vergangenheit wurde die Welt mehrere Male von einer großen Flut heimgesucht. Vor den Küsten der bereits erwähnten Insel Yonaguni, aber auch vor Ägypten und Kuba, überall auf der Welt findet man archäologische Stätten am Meeresboden. Die Ruinen ihrer Tempel und Paläste weisen darauf hin, dass hier einmal Land war. Und man hat in den letzten Jahren damit begonnen, die Existenz der versunkenen Kontinente Atlantis und Mu mit ihren Hochkulturen wissenschaftlich nachzuweisen. Mir scheint es so, als schickten die untergegangenen Kulturen uns Warnungen.

Da wir zu großen Teilen aus Wasser bestehen, kann man daraus folgern, dass der Kreislauf der Seelen identisch ist mit dem des Wassers. Da sich nun Seelen um die Erde ansammeln, die eigentlich ins Universum aufsteigen sollten, droht die Erde in Wasser zu versinken. Auch um diesen Zustand aufzulösen, müssen wir ein Leben führen, das uns den „Schulabschluss" garantiert, und lernen, wie man am Lebensende zu dieser Reise aufbricht.

Doch was müssen wir tun, um die irdische Schule erfolgreich zu absolvieren?

Das „Gewicht" der Seele beträgt 21 Gramm (laut Experimenten des amerikanischen Arztes Duncan McDougall von 1907 – siehe auch den Film „21 Gramm" aus dem Jahr 2003, Anmerkung der Redaktion). Um in die universelle Dimension aufzusteigen, muss dieses Gewicht auf null reduziert werden. Der zweite, beim Tod entstehende Teil Dankbarkeit ist dafür verantwortlich, dass das Gewicht verringert wird. Dieser verwandelt sich in Liebe und wird zur Energie, mit der die Seele zur nächsten Dimension aufsteigen kann.

Natürlich brauche ich nicht extra zu erwähnen, wie wichtig es ist, ein Leben voller Liebe und Dankbarkeit zu führen. Man sollte in Harmonie mit dem Wasser leben und ihm positive Schwingungen verleihen.

Zudem dürfen wir nicht vergessen, für die jetzt auf der Erde versammelten Seelen zu beten. Gebete sind kraftvoll. Geben wir ihnen Unterstützung, damit sie an den Ort zurückkehren können, an dem sie eigentlich schon längst sein sollten.

Wenn es die Mission des aus den Tiefen des Universums kommenden Wassers ist, frei im Universum zu kreisen und die Sterne zu benetzen, sollten auch wir, die wir aus Wasser bestehen, das unendliche Universum ganz nach Belieben bereisen können. Die Energie der Worte „Liebe und Dankbarkeit“ dürfte das ermöglichen.

Nun, welchen Planeten wählen Sie als nächstes Ziel, wenn Sie am Ende Ihres Lebens in Liebe und Dankbarkeit diese Erde verlassen?

2

Wasser speichert und verbreitet Informationen

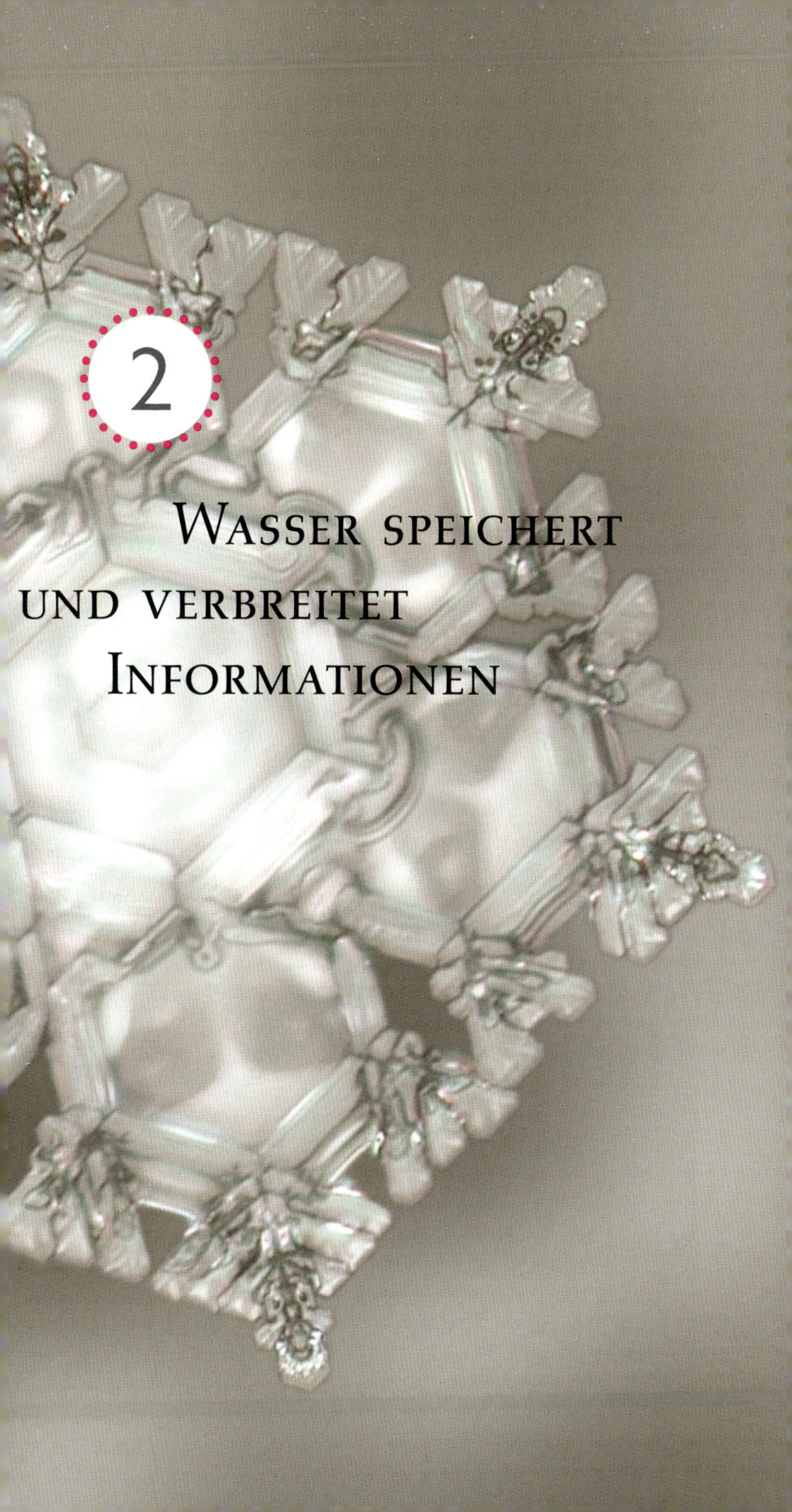

Die sich im Wasser spiegelnde Realität

In diesem Kapitel wollen wir zunächst einmal herausfinden, wie es um das uns umgebende Wasser bestellt ist. Eines der folgenden Bilder zeigt gefrorenes Leitungswasser aus meinem Büro in Tokio. Leider kann man darauf keinen Wasserkristall entdecken. Ich habe auch die anderen Stadtbezirke überprüft, aber nirgendwo bildet das Tokioter Leitungswasser einen Wasserkristall aus.

Kristall des Leitungswassers im Stadtbezirk Shinagawa, Tokio

Kristall des Leitungswassers von Nagoya

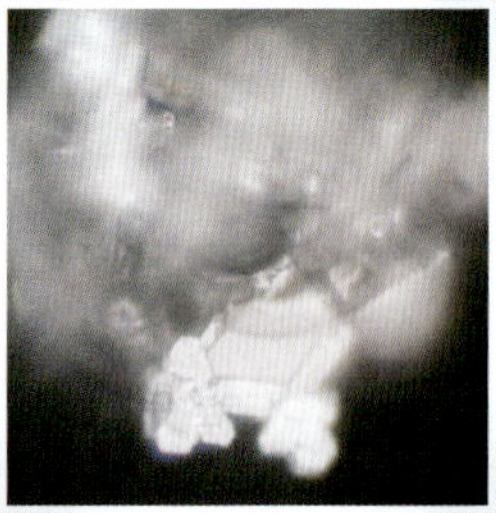

Kristall des Leitungswassers von Fukuoka

Kristall des Leitungswassers von Katano in der Präfektur Osaka

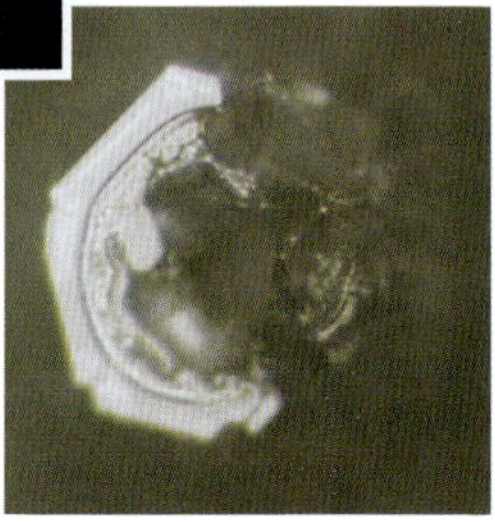

Kristall des Leitungswassers von Sendai

Und wie steht es um das Wasser anderer japanischer Großstädte? Wir haben in den verschiedensten Städten – von Hokkaido bis Okinawa – Wasserproben genommen und versucht, Kristalle zu fotografieren. Dabei gab es nicht eine einzige Probe, die einen nennenswerten Kristall ausbildete. Allein das Wasser der Stadt Katano in der Präfektur Osaka formte einen schönen Kristall, aber man sagte uns, dass 60% des Leitungswassers von Katano aus dem Grundwasser gespeist wird. Es gab auch Leitungswässer, die beinahe einen schönen Kristall ausbildeten, es fehlte nur noch eine Kleinigkeit bis zu einem sechseckigen Kristall.

Das Leitungswasser ist das Wasser, das uns am nächsten ist. Soweit diese Bilder zeigen, hat dieses Wasser fast immer seine ursprüngliche, schöne Energie verloren. Ich übertreibe nicht, wenn ich dieses Wasser als scheintot bezeichne.

Ich habe gehört, dass die Qualität des Leitungswassers in den letzten Jahren sehr viel besser geworden sein soll, so dass wir bei einer erneuten Durchführung dieses Versuches vielleicht zu anderen Ergebnissen kämen. Grundsätzlich wird in Japan aber auch heute noch dem Leitungswasser eine große Menge Chlor beigemischt. Meiner Ansicht nach ist Chlor Gift, da es die Struktur des Wassers zerstört. Solange Chlor darin enthalten ist wird sich kaum etwas an der Tatsache ändern, dass das Leitungswasser, wie es die Bilder oben zeigen, auch heute noch Wasser ist, dessen gottgegebene Lebenskraft zerstört wurde.

Die Zugabe von Chlor ist eine Reaktion der japanischen Wasserwirtschaft auf die Forderung, die im Wasser lebenden Darmbakterien abzutöten. In diesem Desinfektionssystem werden die das Leben der Darmbakterien erhaltenden Schwingungen durch die Schwingungen des Chlors zerstört. Mit Chlor werden also die Darmbakterien abgetötet, aber noch bevor wir uns mit der Handlung des „Tötens" beschäftigen, bedeutet allein der Begriff „töten" eine Abwendung von Gottes Willen. Natürlich lehnt auch das Wasser dies ab und bildet keine Kristalle, wenn es dieses Wort gesehen hat. Und solches Wasser verwenden wir als Leitungswasser und trinken es sogar in großen Mengen!

Chlor wird auf Anweisung des General Headquarters der amerikanischen Armee, die Japan nach dem 2. Weltkrieg besetzt hatte, seit etwa 1948 dem Wasser beigemengt. Da muss man sich fragen, wie sich der Körper der Japaner während dieser 60 Jahre von damals bis heute verändert hat!

Im Jahre 1962, als die Kinder, die mit diesem Wasser groß geworden waren, selbst Eltern wurden, stand in der Asahi-Zeitung zum ersten Mal der Ausdruck „Atopische Dermatitis".

Von dieser seltenen Hautkrankheit, die oft schon in frühester Kindheit auftritt, war bis dahin in Japan kaum berichtet worden. Inzwischen ist die Anzahl der Patienten allerdings so stark angestiegen, dass angeblich schon jeder vierte Grundschüler an Atopischer Dermatitis leiden soll. Bei nicht wenigen Babys rötet sich schon kurz nach der Geburt die Haut; Tag und Nacht müssen sie einen schlimmen Juckreiz aushalten.

Des Weiteren hat die Anzahl der Fälle von Demenz, die vor dem Krieg kaum zu beobachten war, heute ein Ausmaß angenommen, dass man bereits von einer „Volkskrankheit" sprechen kann. Natürlich gab es auch früher schon die altersbedingte Senilität, aber die Zahl der Patienten mit dieser Krankheit, die mit Symptomen wie Inkontinenz, Allotriophagie (das Verlangen, Dinge zu essen, die eigentlich keine Nahrungsmittel sind), geistiger

Verwirrung etc. einhergeht, ist in den letzten Jahrzehnten explosionsartig gestiegen und zu einem gesellschaftlichen Problem geworden. Natürlich hängt das sicher auch damit zusammen, dass das durchschnittliche Lebensalter sowohl bei Männern als auch bei Frauen zugenommen hat. Aber grundsätzlich glaube ich nicht, dass dies allein der Grund dafür ist.

Das Wasser speichert Informationen. Die bisher gekannte Senilität entsteht meines Erachtens, weil der Wassergehalt des Körpers stetig abnimmt und sich dadurch auch die Menge an gespeicherter Information verringert. Es besteht jedoch eine hohe Wahrscheinlichkeit, dass die moderne Demenz nicht die Folge einer geringeren Wassermenge im Körper, sondern verminderter Wasserqualität ist. Als Beweis dafür mag dienen, dass in letzter Zeit von einer Vielzahl von Fällen von „früher Demenz" berichtet wird, deren Symptome bereits bei 40- bis 50-Jährigen auftreten.

Ich möchte auch darauf hinweisen, dass das Leitungswasser ebenfalls eine wichtige Ursache für die Krankheit ist, die seit 1981 an erster Stelle der todbringenden Erkrankungen steht, nämlich Krebs. Ein Charakteristikum der Krebszellen ist es, auch die benachbarten gesunden Zellen zu schädigen und sie zu befallen. Der Krebs zerstört die Lebensaktivitäten der gesunden Zellen. Diese destruktive Energie wird den Krebszellen von der zerstörerischen Kraft des Chlors im Leitungswasser zur Verfügung gestellt. Gleichzeitig ist der Krebs für mich auch ein Symbol für unsere egoistische Lebensweise, im Zuge derer wir für die Erfüllung unserer Wünsche die Umwelt zerstören und die Schwachen ausbeuten.

Ich möchte nicht, dass Sie mich missverstehen: Ich behaupte hier keinesfalls, dass die kranken Menschen das Problem sind. Ich möchte lediglich darauf hinweisen, dass die Perversion der Gesellschaft sich in der Form einer Krankheit manifestieren und die Ursache für das Problem sein könnte.

Auf diese Weise wird Japan von den Schwingungen bisher noch nicht gekannter Krankheiten heimgesucht. Wovor wollen uns diese Phänomene nur warnen?

Gott hat sich gewünscht, dass der Mensch diese Welt mit Liebe und Dankbarkeit in ein Utopia verwandelt. Wir aber haben eine egozentrische Gesellschaft aufgebaut, in der es egal ist, ob ein anderer verletzt oder die Natur zerstört wird, solange es uns nur gut geht. Das Beispiel des Leitungswassers ist nur ein Aspekt, ein Symbol dafür, dass unsere Gesellschaft sich von Gottes Willen abgewandt hat. Die Tatsache, dass die Struktur des Wassers zerstört ist, bedeutet, dass wir uns von Gottes Liebe entfernt haben. Unsere Gesellschaft pflegt eine Lebensweise, die den Willen Gottes missachtet.

Nicht nur Japan, die ganze Welt jagt der Effektivität hinterher und frönt dem Materialismus. Indem wir nur unserem eigenen Willen folgten, wandten wir uns von unserer höchsten Spiritualität ab. Ein Teil der Reichen und Mächtigen führt die Welt an der Nase herum; die Pläne, die Schwachen noch weiter zu bedrängen, sind fest verwurzelt und überziehen die gesamte Gesellschaft.

Ist das eine Welt nach dem Willen Gottes, der uns geschaffen hat? Nein, ganz sicher nicht! Bestimmt versucht Gott uns, die wir Liebe und Dankbarkeit nicht in unsere Herzen lassen können, mit Hilfe der Krankheiten die richtige Lebensweise begreiflich zu machen.

Die Kraft der Gebete, das Wasser zu verändern

Was können wir in dieser Situation tun? Auch auf diese Frage gibt uns das Wasser eine Antwort!

Am 22. Februar 1996 um 14 Uhr führte ich mit 500 Freunden aus ganz Japan einen Versuch durch. Ich stellte eine Flasche mit Leitungswasser auf meinen Schreibtisch in Tokio und bat alle, gemeinsam ein Gebet an dieses Wasser zu schicken. Das einfache Gebet lautete folgendermaßen:

„Das Wasser auf dem Schreibtisch von Direktor Emoto im Bezirk Shinagawa in Tokio ist sauber geworden. Danke!"

Nachdem wir drei Minuten lang unsere Gedanken auf das Wasser konzentriert hatten, wurde es sofort eingefroren, und wir konnten dann folgende Aufnahmen machen (siehe Seite 58):

Wie Sie sehen, hat es einen wunderschönen Kristall ausgebildet. Die Gebete von 500 in ganz Japan verstreut lebenden Menschen erreichten mein Büro in Tokio und wurden dem Wasser mitgeteilt. Daraufhin bildete es einen schönen Kristall. 2003 führte ich genau das gleiche Experiment durch, wobei es diesmal Japan aus dem fernen Israel erreichen sollte. Ich bekam die Unterstützung der Zuhörer meines Vortrages und wir schickten unser Gebet in mein Büro in Tokio. Dieser Versuch war ein großer Erfolg. Das Gebet überwand auf dem Weg nach Japan alle Grenzen und Meere und das Wasser bildete wieder einen wunderschönen Kristall aus.

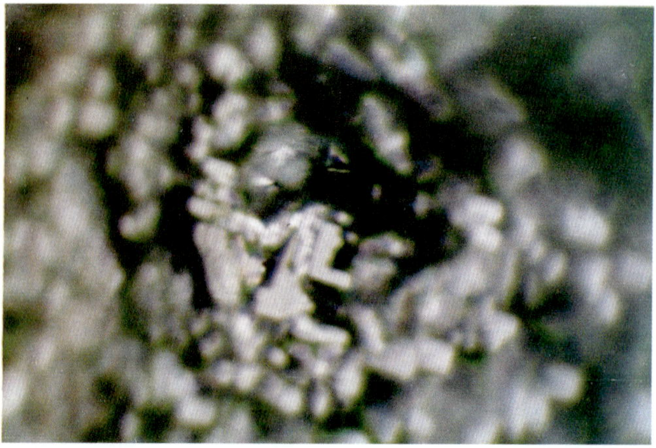

Kristall des Wassers, bevor 500 Menschen ihm ein Gebet gesandt hatten

Kristall des Wassers, nachdem die Menschen dafür gebetet hatten

Unsere rein gedankliche Vorstellung hat die Kraft, das Wasser zu verändern. Glücklicherweise geht das Wasser, egal in welchem Zustand es sich gerade befindet, mit den reinen Gedanken der Menschen in Resonanz und reagiert darauf, indem es uns seine ursprüngliche schöne Gestalt zeigt.

Es ist leicht, sich über die Missstände in der Gesellschaft zu beklagen und sie zu verurteilen. Aber dadurch macht die Menschheit keine Fortschritte. Um konstruktiv weiterzukommen, muss man meiner Ansicht nach zunächst einmal das Jetzt akzeptieren.

Egal wie hart die Situation gerade sein mag, möchte ich mein Leben auf meine Hoffnungen ausrichten. Das ist mein Credo. Ich glaube, dass dies uns, die wir von Gott erschaffen wurden und aus Wasser bestehen, möglich ist.

Nicht nur das Gebet hat die Kraft, das Wasser in seine ursprüngliche Gestalt zu verwandeln. Der folgende Versuch zeigt, dass Liebe und Dankbarkeit – auch als Worte auf einem Stück Papier – ebenfalls über eine solche Kraft verfügen.

Eines der Phänomene, von denen man behauptet, dass sie einen schlechten Einfluss auf Wasser haben, sind elektromagnetische Wellen. Mikrowellenherde, Computer, Fernseher, Handys sind sehr nützliche Dinge, die gar nicht mehr aus unserem Leben wegzudenken sind. Aber gleichzeitig senden sie elektromagnetische Strahlen aus und stören unsere Schwingungen. Natürlich zerstören sie auch die ursprüngliche Gestalt des Wassers. Da sich dies auch deutlich in den Wasserfotografien zeigt, sehen Sie sich bitte die folgenden Bilder genau an. Die Qualität der Energie der elektromagnetischen Wellen ist auf den ersten Blick offensichtlich.

Wenn man aber einen Zettel mit den Worten „Liebe und Dankbarkeit" auf die Wasserflasche klebt und sie dann unter den gleichen Bedingungen wie zuvor den elektromagnetischen Wellen aussetzt, haben diese seltsamerweise überhaupt keinen Einfluss.

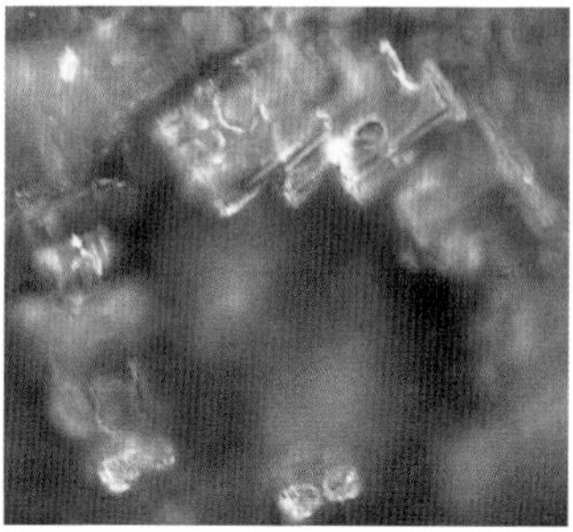

Wasser, das den elektromagnetischen Wellen eines Fernsehers ausgesetzt war

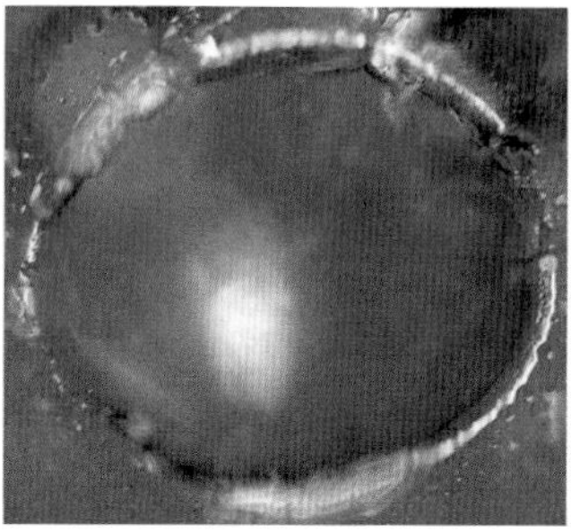

Wasser, das den elektromagnetischen Wellen eines Mikrowellenherdes ausgesetzt war

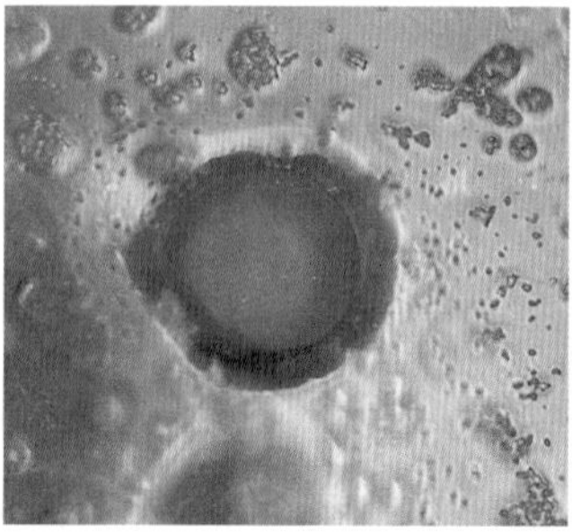

Wasser, das den elektromagnetischen Wellen eines Handys ausgesetzt war

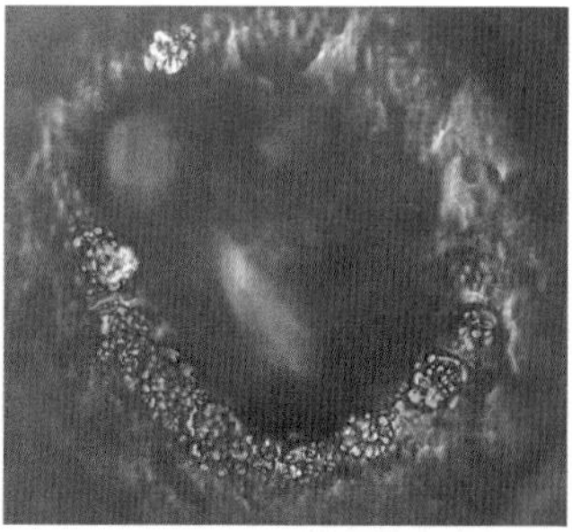

Wasser, das den elektromagnetischen Wellen eines Computers ausgesetzt war

Was bedeutet das für uns? Wie bereits hinlänglich dargelegt, bestehen wir hauptsächlich aus Wasser. Wenn das Wasser mit den Worten „Liebe und Dankbarkeit“ vor den Einflüssen der elektromagnetischen Wellen geschützt wird, ist es wohl auch möglich, uns selbst mit der Energie dieser Worte vor negativen Einflüssen zu bewahren.

Wasser, das mit einem Aufkleber mit den Worten „Liebe und Dankbarkeit“ den elektromagnetischen Wellen eines Fernsehers ausgesetzt war

Wasser, das mit einem Aufkleber mit den Worten „Liebe und Dankbarkeit“ den elektromagnetischen Wellen eines Mikrowellenherdes ausgesetzt war

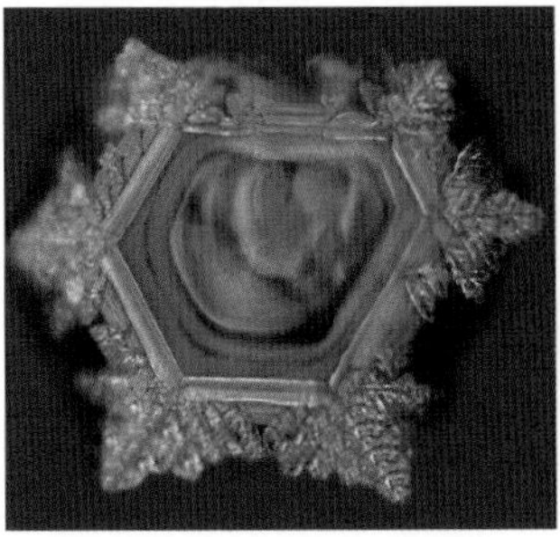

Wasser, das mit einem Aufkleber mit den Worten „Liebe und Dankbarkeit“ den elektromagnetischen Wellen eines Handys ausgesetzt war

Wasser, das mit einem Aufkleber mit den Worten „Liebe und Dankbarkeit“ den elektromagnetischen Wellen eines Computers ausgesetzt war

Liebe und Dankbarkeit heilen Krankheiten

Die Tatsache, dass das Wasser nicht von elektromagnetischen Wellen beeinflusst wird, wenn man auf die Flasche einen Aufkleber mit den Worten „Liebe und Dankbarkeit“ klebt, führt uns zu der Idee, dass man mit diesen Worten die Schwingungen jedweder Krankheit an sich abprallen lassen könnte.

Warum werden wir überhaupt krank? Weil unser Immunsystem, mit dessen Hilfe wir die Krankheiten besiegen können, geschwächt ist. Der Mensch ist von Natur aus mit einem starken Immunsystem ausgestattet, damit er nicht von Krankheiten befallen wird, sowie mit einer natürlichen Heilkraft, mit der er sich selbst heilen kann. Diese Immun- und Heilkraft entspringen der Liebe und Dankbarkeit.

Menschen, die mit Liebe und Dankbarkeit erfüllt sind, d.h. starke Abwehrkräfte besitzen, brauchen sich nicht zu fürchten, egal von welch gefährlichem Virus sie auch bedroht sein mögen. Sie können ohne Probleme überleben. Da sie keine negativen Gedanken entwickeln können, solange sie von Liebe und Dankbarkeit erfüllt sind, kann auch von außen keine negative Information eindringen.

Als alternativer Mediziner habe ich über viele Jahre hinweg mehr als 10 000 Fälle mit Schwingungen behandelt. Durch diese Behandlungen habe ich intuitiv begriffen, dass eine Art von negativer Energie in den erkrankten Personen existierte.

Einfach ausgedrückt bestand eine Behandlung darin, mit Schwingungen die Energie des Patienten zu neutralisieren und zu normalisieren. Glücklicherweise entwickelte sich bei den meisten Patienten alles zum Besseren, so dass ich mich im Bewusstsein der wunderbaren Kraft der Schwingungen mit vollem Einsatz der Schwingungsbehandlung widmen konnte. Aber ich hatte ein Problem: Damals nahm ich, um die Genauigkeit der Behandlung zu steigern, erst einmal die Schwingungen des Patienten in mich auf, bevor ich mit der Behandlung begann. Wenn also viele Patienten mit schweren Krankheiten zu mir kamen, spürte ich deshalb oft die Gefahr, selbst krank zu werden.

Ich verdanke es jedoch meiner Frau Kazuko, die mich immer mit Liebe und Dankbarkeit erfüllte, dass ich trotzdem so viele Patienten behandeln konnte, ohne jemals krank zu werden. Wir beide reisen auch heute noch gemeinsam um die Welt. Seit unserer Hochzeit behandelt mich meine Frau mit großer Liebe und Hingabe und unterstützt mich jederzeit. Wenn ich daran denke, dass sie immer an meiner Seite ist und mich stets ermutigt, erfüllt mich das natürlich mit Liebe und Dankbarkeit. Damals war ich aber so sehr in meine Arbeit vertieft, dass ich es nicht bemerkte. Doch unsere Liebe und gegenseitige Dankbarkeit stärkte mein Immunsystem immens und schützte mich. Auch diese Erfahrung hat mir deutlich gemacht, dass Liebe und Dankbarkeit zu einer unschlagbaren Immunkraft verhelfen.

Seit Beginn der Neuzeit hat die Menschheit keine Notiz mehr von der Existenz Gottes genommen und begonnen, blind auf die Naturwissenschaften zu vertrauen. Sie hat das wahre Wesen des Lebens aus den Augen verloren. Durch die Verabreichung zu vieler Medikamente und den Einsatz einer nur auf den Fall beschränkten, temporär lebensverlängernden Behandlung ignorieren wir ein ums andere Mal Gottes Warnsignale. Natürlich spreche ich der westlichen Medizin nicht ihre Notwendigkeit ab. Ich verstehe sehr wohl, dass wir es gerade ihr zu verdanken haben, dass die Bevölkerungszahl im 20. Jahrhundert explosionsartig angestiegen ist.

Doch obwohl zurzeit immer neuere Medikamente entwickelt werden und die Heilmethoden sprunghafte Fortschritte machen, nehmen die resistent gewordenen Viren und schweren Krankheiten unbekannten Ursprungs kein Ende.

Wenn ich mir dieses Katz-und-Maus-Spiel so ansehe, habe ich das Gefühl, als frage Gott uns: „Habt ihr es immer noch nicht verstanden? Habt ihr es immer noch nicht gemerkt?"

Gott hat sehr viel Geduld mit uns. Er beobachtet uns geduldig, obwohl wir keine Anstalten machen, unseren Lebensstil zu ändern. Dennoch gibt er uns weiterhin die ein oder andere Chance. Was passiert aber, wenn wir diese Chancen weiterhin ignorieren? Bestimmt wird Gott irgendwann einmal aufgeben. Müssen wir nicht ganz bewusst unseren Lebensstil wieder an seinem Willen ausrichten, damit er uns nicht mit den Worten verlässt: „Ihr seid nicht mehr die Kinder, die ich einst schuf!"

Ich denke, Sie werden schon verstanden haben, dass diese neue Lebensweise Liebe und Dankbarkeit als zentrale Leitmotive beinhaltet.

Was sollen wir also tun?

Kein Mensch kann ganz allein leben. Wir sollten also zunächst einmal mit den Menschen in unserer Nähe – dem Partner, der Familie, den Freunden – Beziehungen aufbauen, die mit Liebe und Dankbarkeit erfüllt sind. Das ist eine wichtige Aufgabe, um ein glückliches Leben zu führen. Vielleicht sollten Sie spielerisch damit umgehen: „Da ich heute an der Reihe bin, Liebe zu geben, nimmst du sie dankbar an und reichst sie an jemand anderen weiter." Oder: „Um in Liebe und Dankbarkeit zu leben, will ich heute nicht wütend werden, egal was passiert."

Mir ist durchaus bewusst, dass es schwierig werden kann, dieses Wissen im Alltagsleben in die Praxis umzusetzen. Der Mensch ist ein Lebewesen mit einem breit gefächerten Gefühlsleben. Es ist ganz natürlich, dass jeder von uns manchmal verärgert, ungeduldig und traurig ist oder sich einsam fühlt. Man darf sich selbst dann aber nicht als hoffnungslosen Fall aufgeben, nur weil man gerade mal nicht Liebe und Dankbarkeit praktizieren kann.

Wenn man gelegentlich nicht aus vollem Herzen in Liebe und Dankbarkeit leben kann, reicht es auch, sich der Kraft der Worte zu bedienen. Die Worte haben eine Energie. Sie können auch irgendwo einen Zettel mit den Worten „Liebe und Dankbarkeit" hinkleben. Wenn man ihn an das Trinkwasser haftet, überträgt sich diese Liebe und Dankbarkeit ganz natürlich auf das Wasser. Wenn man das Wasser anspricht, zum Beispiel mit den Worten: „Danke, ich liebe dich", dann nimmt es die Schwingungen von Liebe und Dankbarkeit auf. Zum Beginn reicht die Form allein völlig aus – ohne das Gefühl.

Selbst wenn Sie dabei in einen Zwiespalt gerieten, würde das Wasser auf jeden Fall Ihre ureigene Liebe spüren, weil Sie selbst aus Wasser bestehen.

Hierzu ein Beispiel aus einem Vortrag in Italien: Bei der Fragestunde meldete sich zögerlich eine Dame. Ihre Frage lautete: „Wenn ich das Foto meines verstorbenen Kindes betrachte, macht mich das immer so traurig, dass ich weinen muss. Hat das nicht einen schlechten Einfluss auf die Mitbewohner des Hauses, da das Wasser im Zimmer die Schwingungen der Traurigkeit aufnimmt?"

„Nein, das brauchen Sie nicht zu befürchten. Ist nicht die überfließende mütterliche Liebe die Quelle Ihrer vergossenen Tränen? Zuerst wird das Wasser diese Liebe erspüren."

Nachdem ich ihr so geantwortet hatte, lächelte die Dame sehr glücklich und dieses strahlende Gesicht ging auch mir sehr zu Herzen.

Selbst wenn das Herz oberflächlich von negativen Gefühlen berührt wird, kann das Wasser doch unsere grundlegende Liebe erspüren. Wir sollten also nicht uns selbst verurteilen, sondern an die tief in uns schlummernde Liebe glauben, das Wasser lieben und ihm dankbar sein. Das ist nämlich der Weg dahin, sich selbst ernst zu nehmen und ein Leben in Liebe und Dankbarkeit zu führen.

Wenn wir in Liebe und Dankbarkeit leben und damit unsere Schwingungen erhöhen, stärkt das auf natürliche Art und Weise auch unsere Immunkraft. Dann brauchen wir auch den schlimmsten Virus nicht mehr zu fürchten.

Japan, Land der Götter und der Wortseele

In Japan haben wir ein eigenes Konzept der Wortseele (jap. Kotodama). Mit Wortseele bezeichnen wir die Kraft eines gesprochenen oder geschriebenen Wortes oder den Einfluss, den ein Wort auf das Bewusstsein und die Umwelt hat. Bei einer Hochzeit zum Beispiel sind Worte wie „schneiden“ oder „trennen“ tabu. Außerdem vermeiden wir es, gegenüber einem Prüfungskandidaten die Worte „rutschen“ oder „fallen“ zu erwähnen. Zweifelsohne wussten die Japaner seit alters um die Macht der Wortseele. Gerade deshalb hat sich das Tabu für solche Worte bis heute gehalten. Viele Menschen überall auf der Welt wissen, dass es wichtig für den Erfolg ist, positive Worte zu verwenden. Die Macht der Wortseele einzusetzen, kann uns helfen, ein Leben in Liebe und Dankbarkeit zu führen.

In der alten japanischen Religion, dem Shinto, empfangen die Japaner die wunderbare Technik, die Macht der Schwingungen an der Quelle des Universums einzusetzen. Und den Kern dieser Technik bildet die Wortseele.

Und wie hängt nun die Wortseele ganz konkret mit dem Universum zusammen?

Haben Sie schon mal eine Zeremonie in einem Shinto-Schrein – zum Beispiel in einem Film – gesehen oder gar selbst erlebt? In der Regel sitzen die Leute, die eine Zeremonie bestellt haben, in der Gebetshalle und ein Shinto-Priester rezitiert mit dem Rücken zu ihnen vor dem Symbol der Gottheit ein langes Gebet (jap. norito). Jeder Japaner, der an diese feierliche Atmosphäre denkt, erinnert sich auch an körperliche und seelische Kräftigung. Das vom Shinto-Priester rezitierte Gebet soll dem Universum die Wünsche des Auftraggebers mitteilen. Das Norito besteht grundsätzlich aus einem Lobpreis der Gottheit, Name und Adresse des Auftraggebers sowie seiner Bitte. Durch das Verlesen dieses Gebetes werden die Worte zu einem Lotsen und übermitteln die Frequenz dieser Person der am Urquell des Universums weilenden Gottheit.

Außerdem erzeugen die Schwingungen der Stimme eine Resonanz mit dem Universum. Da die Frequenz immer höher wird, je mehr wir uns dem Urquell des Universums nähern, wird eine ziemlich hohe Hertzzahl erreicht. Glücklicherweise greift an dieser Stelle aber das Prinzip der Resonanz. Dieses besagt ja: Solange es sich um denselben Ton der Tonleiter handelt, ist es für die Resonanz egal, in welcher Oktave wir uns bewegen. Es ist eine shintoistische Technik, diese Resonanz zu erzeugen.

Außer der Wortseele spielt im Shinto auch der Hanf eine große Rolle. Derzeit fällt uns bei diesem Begriff nur der als Droge verbotene Cannabis ein, in Japan wird Hanf jedoch von alters her als heilige Pflanze wegen seiner sehr hohen Frequenz sehr geschätzt. Der Grund dafür ist, dass seine hohe Frequenz unabdingbar ist, um die Resonanz mit der Gottheit zu erzeugen. Die Pflanze kann zweimal im Jahr geerntet werden und ihre starke Lebenskraft, die sie vor Schädlingsbefall schützt, scheint gleichermaßen auf ihre hohe Frequenz hinzudeuten. Es ist mir als Japaner wichtig, mich aufrichtig dafür einzusetzen, dass die ursprüngliche Kraft des Hanfs wieder mehr ins Blickfeld rückt und aktiviert wird.

Übrigens ist der Heitate-Schrein am südlichen Aso auf der Insel Kyushu, der angeblich auf eine 15 000-jährige Geschichte zurückblickt, ein Schrein für die Sonnengöttin

Amaterasu Omikami. Das Schriftzeichen für „hei“ steht für die geweihten Papierstreifen (jap. nusa), die den Shinto-Gottheiten dargebracht werden, und eben die sollen aus Hanfpapier hergestellt werden.

Von der Liebe und Dankbarkeit für das Wasser bin ich nun plötzlich auf den Shintoismus zu sprechen gekommen, so dass Sie jetzt vielleicht etwas verwirrt sind. Aber da ich Japaner bin, kann ich nicht über unsere traditionelle Lebensweise sprechen, ohne den Shinto, unsere alte Religion, zu erwähnen.

Eine aus dem alten Shinto abgeleitete neue Lebensweise

Ich nenne den innersten, reinen Kern des Shinto den alten Shinto. Dieser alte Shinto ist sozusagen der Ursprung der japanischen Seele. Womöglich ist jetzt die Zeit gekommen, in der wir Japaner den alten Shinto überdenken und unser Leben am Willen der Götter (im Shinto gibt es eine große Anzahl von Gottheiten, A.d.Ü.) ausrichten sollten? Dieser Gedanke wurde immer stärker in mir, seitdem ich in den letzten zehn Jahren um die Welt reise. Der Grund dafür ist folgender:

Egal in welches Land ich komme, überall werde ich mit einer überwältigenden Herzlichkeit empfangen. Und überall bringen die Menschen mir gegenüber freundlichen Respekt und Erwartungen zum Ausdruck. Aber das kommt nicht daher, dass ich persönlich so einflussreich bin.

Ein Grund dafür dürfte sein, dass Japan als das „Land des Wassers" gilt. Wenn ich so über meine Auslandsreisen nachdenke, gibt es wohl kaum ein Land, das so reich an Wasser ist wie Japan. Aber obwohl gerade Japan so reichlich mit Wasser gesegnet ist, sind meiner Ansicht nach viele Japaner sich des Wertes des Wassers gar nicht bewusst. Viele andere Länder kennen Wassermangel, und wenn ich dort hinkomme, merke ich, wie die Menschen ganz erfüllt sind vom Gedanken der Kostbarkeit des Wassers. Japan mit seinen schönen Bergen und Flüssen, in denen reichlich Wasser fließt, ist vom Standpunkt eines Menschen aus einem Land, das unter Wassermangel leidet, ein bewundernswertes Land.

Noch eine Sache ist mir bei der Gastfreundschaft in allen Regionen der Welt aufgefallen, nämlich dass es auch eine Rolle spielt, dass ich Japaner bin. Die Menschen denken wohl: „Ein Japaner würde sich bestimmt sinnvoll für die Menschheit einsetzen." Diese Erwartungen spüre ich ganz intensiv bei den freundlichen Empfängen in allen Ländern.

Vielleicht ist es auch gar nicht so abwegig, dass man mir gegenüber solch hohe Erwartungen hat, gerade weil ich Japaner bin. In der Weltgeschichte nimmt Japan eine ganz besondere Stellung ein, und man kann wohl behaupten, dass die Japaner ein mysteriöses Volk sind.

Wenn wir einen Blick auf die Geschichte der Neuzeit werfen, wird das besser verständlich.

Zunächst einmal waren die Gesandten, die das vom Shogunat regierte Japan am Vorabend der Restauration (zwischen 1853 und 1873) besuchten, höchst erstaunt über „die herausragende landschaftliche Schönheit, die Fröhlichkeit des Volkes und den vorzüglichen Volkscharakter", wovon auch in vielen Tagebüchern berichtet wird.

Nach der Landesöffnung (1853) sorgten die beiden Siege Japans in den Kriegen gegen China (1894 – 1895) und Russland (1904 – 1905) weltweit für großes Aufsehen. Ein kleiner Inselstaat im fernen Osten, der sich fast 300 Jahre lang der Welt verschlossen hatte, führte so kurz nach der Öffnung des Landes Kriege gegen zwei Großmächte wie China und Russland und gewann diese auch noch! Besonders im Japanisch-Russischen Krieg hat Japan den Sieg wie durch ein Wunder durch ein Phänomen namens Kamikaze („göttlicher Wind") davongetragen, und man begann von Japan als dem Land der Götter zu sprechen. Des Weiteren heißt es, dass auch im 1. Weltkrieg die Unbesiegbarkeit der Japaner die anderen Großmächte in Erstaunen versetzte.

Einmal in Schwung gekommen, stürzte sich Japan dann in den Pazifikkrieg, verlor diesen gegen die alliierten Streitkräfte und erwartete das Kriegsende. Auch die Tatsache, dass die Japaner sich nun selbst eine pazifistische Verfassung gaben, in der sie auf ewige Zeiten auf einen Offensivkrieg verzichteten, mag die anderen Länder überrascht haben.

Nun, Sie alle wissen sicher, dass der 2. Weltkrieg in Japan durch den Abwurf der beiden Atombomben auf Hiroshima und Nagasaki beendet wurde. Wie ich im ersten Kapitel bereits erwähnte, ist die Atombombe die Waffe mit den zerstörerischsten Schwingungen. Warum mussten die USA gleich zweimal diese schrecklichen Schwingungen über Japan hereinbrechen lassen? Der Grund dafür könnte meiner Ansicht nach der folgende sein:

Die Mitglieder der Expertenkommission, die damals die Politik der USA bestimmte, waren sich vielleicht bewusst geworden, dass die japanische Religion Shinto „Weg der Götter" heißt und der Umgang mit Schwingungen ihren Kern bildete. Wenn dem so ist, dann könnten sie womöglich geglaubt haben, Japan nicht wirklich besiegen zu können. Deshalb warfen sie die Atombomben mit ihrer immensen Zerstörungskraft ab, um die Wurzel der traditionellen japanischen reinen Schwingungen auszurotten. Und durch die Besatzungspolitik des General Headquarters beherrschten sie Japan anschließend nach Belieben.

Die Abschaffung des Staatsshinto, der Verbot des Hanfes, die Beschränkung der Rolle des Kaisers auf ein Symbol … was hat das alles aus Japan gemacht? Wir (Japaner) sollten wohl, nachdem wir die gegenwärtige Situation richtig erfasst haben, einen neuen Weg einschlagen.

Was ich Ihnen bisher dargelegt habe, ist lediglich meine eigene Theorie. Allerdings ist für mich, der ich mich ständig mit Wasser beschäftige und vom Wasser geführt werde, diese Theorie keine unbegründetes Hirngespinst.

Wie mögen wohl meine Schwingungen in den Herzen anderer Japaner nachklingen? Das würde ich bei Gelegenheit gerne erfahren.

Eine altshintoistische Technik zur Verbindung mit dem Universum

Leider ist bei uns Japanern das Wort „Gott" schon lange in Vergessenheit geraten. Nein, es ist nicht nur einfach so vergessen worden, man muss eher sagen, dass die amerikanische Besatzungsmacht gezielt darauf hinarbeitete, dass es vergessen wird. Das zieht meines Erachtens große Probleme nach sich.

Wie ich Ihnen bereits dargelegt habe, lehrt uns (Japaner) das Wasser durch seine schönen Wasserkristalle, nach dem Willen der (shintoistischen) Gottheiten zu leben. Allerdings haben wir fast keine Gelegenheit mehr, über die Gottheiten zu sprechen. Heute besteht für die Kinder weder in der Familie noch in der Schule die Möglichkeit, die Gottheiten kennen zu lernen. Besonders in der Schule ist es tabu, über die Gottheiten und Religion zu sprechen. Auch das ist wohl ein „Erfolg" der Besatzungsstrategie nach dem Krieg.

Früher aber gehörten die Japaner zu den Völkern, die ein profundes Wissen über die Gottheiten und die Heiligkeit aller Wesen besaßen, da sie dank einer wunderbaren Technik des alten Shinto mit den Gottheiten in Verbindung treten und ihre eigenen Schwingungen mit denjenigen des Urgrundes des Universums in Übereinstimmung bringen konnten.

Um uns herum existiert eine freie Energie, die wir nach Belieben integrieren können. Man geht davon aus, dass auch in höheren Dimensionen – im Weltall – eine Energie mit einer sehr hohen Frequenz existiert. Die altshintoistische Technik erlaubt uns, diese universelle Hochfrequenz-Energie geschickt in unseren Lebensraum einzubinden.

Haben Sie sich schon einmal überlegt, warum es in Japan Tausende, ja Zehntausende von Shinto-Schreinen gibt? Um alle diese Schreine als Stützpunkte zur Integration der universellen Energie nutzen zu können, haben unsere Vorfahren sie an Orten mit guten Schwingungen erbaut. Und es ist sicher kein Zufall, dass sehr viele Schreine an Quellen stehen.

In Japan sprachen wir früher von den „8 Millionen Gottheiten“. Dieser wunderbare Ausdruck verdeutlicht, dass in allen Dingen dieser Welt eine Gottheit wohnt. Ich nehme an, dass diese Zahl von 8 Millionen für die Frequenzen aller auf dieser Welt existierenden Dinge, Menschen, Tiere, Pflanzen, Mineralien etc. steht. Im Universum existiert für alles die passende Frequenz, da alle physikalischen Phänomene eine analoge Form annehmen. Ich glaube, dass die 8 Millionen Gottheiten nichts anderes sind als die Hochfrequenzen, mit denen man sich verbinden kann und die als solche auf die Erde herabgestiegen sind und nun hier als Gottheiten verehrt werden.

Dieses wertvolle Wissen aus dem alten Shinto, das sehr systematisch und harmonisch ist, möchte ich auf diese Weise mit einer aufrichtigen Einstellung erlernen und der Nachwelt überliefern. Durch das Studium des alten Shinto möchte ich ebenso zur Wahrheit über das Wasser und die Schwingungen vorstoßen. Diesen festen Entschluss habe ich in einem Gedicht festgehalten:

Schwingungen sind der Urgrund aller Phänomene
Das Fundament dieser Schwingungen bildet
ein farbenprächtiges Mandala
Deshalb ist der Shinto die Lehre der Schwingungen
Dies wird sich eines Tages bewahrheiten.

Der Begriff „Mandala“ in diesem Gedicht weist auf die Wasserkristalle hin. Es ist bestimmt kein Zufall, dass ich als Japaner diese Kristall-Fotografie von „Liebe und Dankbarkeit“, welche das göttliche Licht an sich darstellt, veröffentlicht habe und nun mit dieser Botschaft die Welt bereise.

Der alte Shinto ist derart theoretisch und naturwissenschaftlich, dass man ihn als die Quantenmechanik des Altertums bezeichnen kann. Aber für uns Japaner ist es überhaupt nicht schwierig, das zu verstehen.

Waren Sie schon einmal in Japan? Dann haben Sie vielleicht auch diese belebende Atmosphäre beim Betreten eines Shinto-Schreines gespürt, so dass Sie unwillkürlich einen tiefen Atemzug nehmen mussten? Und haben Sie sich nicht auch nach dem Besuch des Schreins erfrischt und frohen Mutes gefühlt?

Es reicht völlig aus, diese Gefühle so vage erlebt zu haben. Es bedeutet, dass die göttlichen Schwingungen im Schrein mit Ihren Schwingungen resoniert haben. Damals dürfte auch das Wasser in Ihrem Körper die Schwingungen von Freude, Liebe und Dankbarkeit ausgestrahlt und das Lebenslicht mehr gefunkelt haben.

Zwei Beweise für die Kraft der Gebete und der Wortseele

Bereits in einem früheren Kapitel habe ich das Experiment vorgestellt, in dem Gebete und die Wortseele Tokioter Leitungswasser auf wundersame Weise so verwandelt haben, dass es Kristalle bilden konnte. Danach konnte ich an zwei bewegenden Experimenten teilnehmen, bei denen sich das verschmutzte Wasser zweier Seen, des Fujiwara-Stausees in der Präfektur Gunma (1997) und des Biwa-Sees in der Präfektur Shiga (1999), durch die Kraft der Gebete und der Wortseele tatsächlich in sauberes Wasser verwandelte.

Wenn Sie sich für die näheren Umstände interessieren, können Sie dies in meinen früheren Publikationen, z.B. in *Die Antwort des Wassers* oder *Die Botschaft des Wassers* (beide KOHA Verlag), nachlesen.

Beide Versuche haben mir sehr tiefe Erkenntnisse vermittelt:

Dank des Versuchs am Fujiwara-Stausee 1997 habe ich begriffen, dass das Gebet tatsächlich höhere Dimensionen erreicht und als Schwingung in die dritte Dimension, in der wir leben, übermittelt wird. Sehen Sie sich die Kristall-Fotografie vom Wasser nach dem Versuch (siehe Seite 79) einmal an. Ein wunderschöner siebeneckiger Kristall mit einem Strahlenkranz hatte sich gebildet. Es kommt sehr selten vor, dass ein siebeneckiger Kristall fotografiert wird, aber wir beachteten es damals zunächst nicht weiter und schlossen das Experiment mit einem Gefühl der Zufriedenheit ab, da wir ja einen schönen Kristall ablichten konnten. Einige Jahre später, als ich wegen

Nach dem Gebet klarte sich das Wasser des Stausees auf und spiegelte wunderschön die Bäume.

Der Fujiwara-Stausee
vor dem Gebet

Der Fujiwara-Stausee
nach dem Gebet

Fotografie eines siebeneckigen Kristalls vom Wasser nach dem Gebet

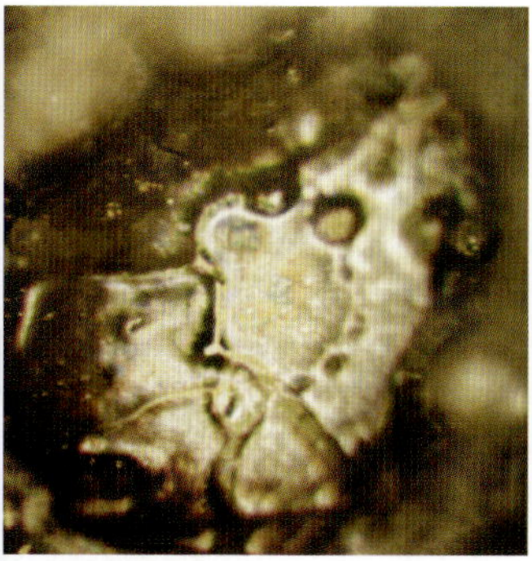

Kristall-Fotografie vom Wasser vor dem Gebet

Fotografie eines Kristalls vom Wasser nach dem Gebet.

dieser Fotografie in Schwierigkeiten geriet, wurde ich mir ihrer großen Bedeutung bewusst. Die Probleme stellten sich ein, als eine Schweizerin, die diese Fotografie sah, auf Seminaren und in der Vereinszeitschrift zu behaupten begann, sie selbst habe dieses Foto gemacht. Diese Behauptung traf mich wie ein Blitz aus heiterem Himmel. Sofort fuhr ich mit einem Schweizer Rechtsanwalt nach Zürich, wo die Dame wohnte. Dort sprach ich zwei Stunden lang in aller Offenheit mit ihr, aber wir erzielten keine Einigung. Sie behauptete, sie habe die Aufnahme 1967 im Institut der Universität von Helsinki gemacht, doch sie sei ihr von irgendjemandem gestohlen worden. Sehr verlegen fragte ich sie daraufhin Folgendes: „Nun gut, es mag ja sein, dass Sie diese Aufnahme gemacht haben. Aber wir haben sie ebenfalls gemacht. Wir haben sie in dieser dritten Dimension gemacht und Sie vielleicht in einer anderen Dimension?“ Kaum hatte ich das ausgesprochen, wurde sie ganz blass im Gesicht und pflichtete mir bei: „Ja, vielleicht war es so.“ Anschließend zog sie ihre Behauptung zurück. Sie hatte also eingesehen, dass sie sich die ganze Sache eingebildet hatte.

Diesen Fall interpretiere ich folgendermaßen: Wahrscheinlich existiert ein Bild wie diese Kristall-Fotografie in irgendeiner anderen Dimension. Der buddhistische Mönch Kato Hoki, der das Gebet für die Gesundung des Fujiwara-Stausees gesprochen hatte, erreichte diese Dimension und das Bild von dort wurde dann als Schwingungen im Wasser des Stausees integriert. In seinem Gebet bat der Mönch Kato um die Herabkunft der Göttin Benzaiten, die zu den sieben Glücksgottheiten gehört. Mit Herabkunft meine ich hier, dass die Göttin aus dem Himmel hierher in die Welt der dritten Dimension herabsteigt. Durch die spirituelle Kraft des Mönches Kato konnten wir die Schwingungen Benzaitens im Wasser fotografieren.

Wenn wir das Innere des siebeneckigen Kristalls betrachten, dann sieht es so aus, als ob dort die gekrönte Gestalt Benzaitens abgebildet ist. Indes hatte wohl auch die Schweizerin Zugang zu der Dimension, in der die Schwingungen Benzaitens vorhanden sind, sozusagen zu einem Pool von Informationen. Selbst wenn sie dies nicht wie wir fotografieren konnte, so hat sie sich dieses Muster doch in einem bestimmten Bewusstseinszustand einprägen können. Deshalb konnte sie auch öffentlich behaupten, sie habe diese Aufnahme gemacht. Durch diese Problematik konnte ich also nachweisen, dass die Wasserkristall-Fotografien durch die Übermittlung von Schwingungen aus anderen Dimensionen nicht in dieser Welt entstehen. Die Macht der Gebete schafft Zugang zu anderen Dimensionen und diese Kristall-Fotografie ist ein überwältigender Beweis, der in unserer Welt der dritten Dimension auftauchte.

Außerdem wurde ich damals durch eine Begebenheit darauf hingewiesen, dass es sich nicht zufällig um einen siebeneckigen Kristall handelte. Eine Woche nach dem Gebet bekam ich die Nachricht, dass doch tatsächlich die Leiche einer jungen Frau an der Oberfläche des Stausees auftauchte und am nächsten Tag zudem ihr Mörder verhaftet wurde. Wir waren alle sehr erstaunt darüber. Denn die Kristall-Fotografie vom Wasser vor dem Gebet hatte ein seltsames Gebilde gezeigt, das wie das Gesicht einer jungen Frau aussah.

Vielleicht hatte die Seele dieser Frau in den Himmel zurückkehren können, nachdem das Wasser durch das Gebet gereinigt worden war. Normalerweise zeigen die in der dritten Dimension aufgenommenen Fotografien von Wasserkristallen eine sechseckige Struktur. Wenn wir uns nun in der nächsthöheren Dimension befunden hätten, hätte eigentlich ein Achteck entstehen müssen.

Aber ich glaube, der Grund für das in unserem Versuch entstandene Siebeneck liegt darin, dass eine Resonanz mit dem Magnetfeld der dreieinhalbfachen Dimension entstand, das heißt mit der Dimension, in der sich die Seelen derjenigen befinden, die nicht zu Gott aufsteigen können.

Der Kristall, der sich durch das Gebet bildete, hat sich von einem Sechseck zu einem Siebeneck, von der dritten Dimension zur dreieinhalbfachen Dimension entwickelt. Auch diesbezüglich ist dies eine besonders denkwürdige Aufnahme.

Nun möchte ich mich im Folgenden mit dem Experiment von 1999 am Biwa-See beschäftigen, das mir ebenfalls eine wichtige Erkenntnis vermittelt hat. Dieser Versuch zeigte mir, dass die Wortseele in höhere Dimensionen gelangt und dadurch das Wasser verändert werden kann.

Die unendliche Kraft des Universums
verdichtete sich,
eine wahrhaft friedliche Welt ist entstanden.

Das ist die „Große Beteuerung" (jap. „Daidangen"), ein Mantra, das der damals 97 Jahre alte Dr. Nobuo Shioya rezitierte. Wir wiederholten dieses Mantra am Ufer des Biwa-Sees, der als „der Nabel" Japans gilt. Durch die Kraft dieser Wortseele geschah ein Wunder. In jenem Sommer verschwand der Gestank am Biwa-See. Aber durch welchen Mechanismus genau die Wortseele den Gestank auslöschte war lange nicht geklärt.

Den entscheidenden Hinweis zur Lösung dieses Rätsels erhielt ich durch einen Zeitungsartikel. Dort wurde Folgendes von einem Forschungsergebnis berichtet (16. April 2000, Sankei Shinbun): Ein Forschungsteam der Universität der Präfektur Osaka leitete Ultraschallwellen von 200 000 Hertz in Wasser und es gelang, das Wasser so gut zu reinigen, dass Dioxin und PCB zu mehr als 95% entfernt wurden. Durch die ins Wasser geleiteten Ultraschallwellen entstehen unzählige Luftblasen. Da chemische Schadstoffe wie PCB und Dioxin ursprünglich keine Affinität zu Wasser haben, werden sie in die durch die Ultraschallwellen entstehenden Luftblasen eingeschlossen. Mit dem Zerplatzen dieser Luftblasen zerfallen das PCB und das Dioxin in ihre einzelnen Bestandteile und verlieren so ihre Giftigkeit.

Das gemeinsame Rezitieren der „Großen Beteuerung" mit Dr. Nobuo Shioya

Die am frühen Morgen des 25. Juli 1999 am Ufer des Biwa-Sees versammelte Menschenmenge

Bei der Explosion von unendlich vielen kleinen Luftblasen soll eine Temperatur von bis zu 5 000 °C entstehen. Durch diese Explosionsenergie werden gleichzeitig das PCB und Dioxin in den Luftblasen zersetzt.

Als ich diesen Artikel gelesen hatte, war für mich das Rätsel um das Wunder am Biwa-See gelöst: Die Frequenz, die wir gemeinsam mit Dr. Shioya freigesetzt hatten, dürfte meiner Ansicht nach anfangs nicht höher als 300 Hertz gewesen sein. Allerdings war sie mit dem puren Gedanken, das Wasser des Biwa-Sees zu reinigen, und dem Respekt für Dr. Shioya angereichert. Zudem zeigte noch die Kraft der Wortseele der „Großen Beteuerung“ ihre Wirkung.

Eine mit solchem Bewusstsein angereicherte Schwingung stieg unter der Führung von Dr. Shioya zu einer höheren Dimension hinauf. Dort dürfte das Prinzip der Resonanz, das besagt, dass eine Resonanz zwischen zwei Tönen entsteht, solange es sich um den gleichen Ton der Tonleiter handelt, auch wenn wir uns in verschiedenen Oktaven bewegen, seinen Teil dazu beigetragen haben. Wir gingen also in Resonanz mit einer um ein Vielfaches höheren Frequenz und letztendlich entstand daraus eine Frequenz, die wie Ultraschallwellen Zigtausende von Hertz hatte, die wiederum zum See zurückkehrten und sein Wasser reinigten.

Der zweite Teil der Lösung des Rätsels betrifft das Ökosystem des Biwa-Sees. Die Ursache für den Gestank, der lange Jahre die Anwohner belästigt hatte, liegt in der großen Menge von abgestorbenen Zellen, die beim plötzlichen Tod einer durch die Wasserverschmutzung sich extrem schnell vermehrenden fremden Art von Algen entsteht. Das ist eine Art Leichengestank. Diese fremde Algenart ernährte sich vorzugsweise von PCB und Dioxin. Nachdem durch die Einleitung der hohen Frequenz in den See diese schädlichen Substanzen verschwunden waren, nahm auch die Anzahl der fremden Algen ab und die ursprünglich im Biwa-See heimischen Algen lebten wieder auf. Da das Ökosystem des Sees wieder zu seiner ursprünglichen Form zurückkehrte, verschwand auch der Gestank.

Wenn ich mir dieses Wunder vor Augen führe, dann erinnert mich das immer wieder an die Macht des menschlichen Bewusstseins und die im Wasser verborgenen Möglichkeiten. Wie sollen wir die Kraft des Bewusstseins und des Wassers einsetzen, um in einem neuen Zeitalter zu leben? Diese Frage möchte ich im nächsten Kapitel klären.

3

Lasst uns das Wasser verstehen und die DNA aktivieren!

Die Qualen der Wasserforschung

In den vorangegangenen Kapiteln habe ich über die mysteriöse Kraft und das Potenzial des Wassers gesprochen. Doch bis heute ist nur ein ganz kleiner Teil des Gesamtbildes entschlüsselt.

Warum kann das Wasser nach Belieben zwischen fester, flüssiger und gasförmiger Gestalt wechseln? Warum kann es in seiner festen Form – die ja eigentlich schwerer sein müsste – schwimmen? Warum kann es entgegen der Schwerkraft bis in die Spitzen der äußersten Zweige der in den Himmel ragenden Bäume gelangen? Darauf gibt es noch immer keine klaren Antworten.

Unsere Vorfahren haben die unendliche Kraft des Wassers jedoch intuitiv erfasst. Das Neugeborene ein erstes Mal zu baden oder dem Sterbenden mit einem Pinsel oder Wattebausch noch die letzten Wassertropfen einzuflößen, all diese japanischen Rituale dienen dazu, dem Menschen die Lebenskraft des Wassers zu verleihen. Auch in der christlichen Taufe wird dem Täufling mit Weihwasser die heilige Kraft des Wassers vermittelt.

Wenn sich überall auf der Welt die Menschen der unendlichen Kraft, die dem Wasser innewohnt, bewusst werden und ihre Aufmerksamkeit darauf lenken, könnte die Welt gerettet werden. Natürlich würde dann auch das persönliche Leben jedes Einzelnen mit Glück erfüllt. Könnten wir die im Wasser verborgene Kraft zu 100 % einsetzen, dürften wir – wenn man davon ausgeht, dass wir die Wahrheit über das Wasser bisher nur zu 3 % ergründet haben – rein rechnerisch 32-mal glücklicher werden.

Leider sind die Umstände, unter denen das Wasser derzeit erforscht wird, keinesfalls günstig. Bisher hat man sich im 20. Jahrhundert – das man auch als Zeitalter des Feuers bezeichnen kann – fast gänzlich auf die Erforschung und den Einsatz des Feuers konzentriert, repräsentativ steht dafür die Nutzung von Erdöl und Steinkohle. Seltsamerweise hinkt jedoch die Erforschung des Wassers in der langen Menschheitsgeschichte stark hinterher.

Es gab und gibt allerdings Wissenschaftler, die bedeutende Forschungsergebnisse erzielt haben. Sie wurden aber allesamt aus der Gesellschaft ausgegrenzt. Es gibt einige Wissenschaftler, die ich verehre und deren Forschungen zu wunderbaren Ergebnissen führten. Diese wurden jedoch von der übrigen Wissenschaftswelt ignoriert und sogar ausgestoßen, um dann ihr Leben völlig ruhmlos zu beenden.

Einen dieser Männer, den französischen Immunologen Dr. Jacques Benveniste, habe ich bei einem Kongress in der Schweiz im Jahre 2002 getroffen. Er hatte im renommierten Wissenschaftsmagazin *Nature* einen Artikel mit dem Titel „Das Wasser speichert Informationen" publiziert. Doch dieser Artikel wurde von Wissenschaftlern aus aller Welt scharf kritisiert. Letztendlich musste er das *Institut national de la santé et de la recherche médicale* (Nationales Institut für Gesundheit und Medizinforschung, kurz: Inserm) verlassen. Als ich ihn traf, setzte er seine Forschungen als Privatier fort. Nachdem er mich freudestrahlend begrüßt hatte, sagte er Folgendes:

„Herr Emoto, ich möchte Ihnen nur einen Rat für Ihre Wasserforschungen geben: Sie dürfen auf keinen Fall über Gott sprechen!"

Inzwischen habe ich auf schmerzliche Art und Weise den Sinn dieser Worte verstanden. Je mehr ich heutzutage in Japan die Wahrheit über das Wasser verbreite, umso häufiger werden mir die Worte im Mund verdreht und werde ich kritisiert. Obwohl das Wasser uns in den wunderschönen Kristall-Fotografien die überaus wichtige

Wahrheit lehrt, wie wir leben sollten, wird diese einfache Botschaft in den Medien als Nonsens dargestellt. Man kritisiert mich und unterstellt mir Missbrauch. Nach anfänglicher Wut kann ich mich nun den Gefühlen der Traurigkeit und Einsamkeit nicht erwehren. Nun kommt es mir sogar so vor, als würden sich die Japaner mit diesen Handlungen selbst Schaden zufügen.

Das System, das auf diesem Weg den Fortschritt der Wasserforschung aufhalten will, hat bereits eine Geschichte von mehreren Tausend Jahren. Warum ist das wohl so?

Wie ich bereits dargelegt habe, gelangt man bei den Forschungen über das Wasser immer zur Existenz Gottes. Das Wasser veranlasst die Menschen, sich der Existenz eines Gottes bewusst zu werden, der das Universum erschaffen hat. Es lehrt uns, dass wir „Kinder Gottes" sind. Für die Machthaber wäre es allerdings sehr unbequem, wenn die Menschheit von dieser Wahrheit wüsste. Denn ihre Autorität verliert Sinn und Zweck, wenn wir diese absolute göttliche Macht erkennen. Deshalb wurde die Wasserforschung bisher ausnahmslos unterdrückt. Wenn das Verbot der Wasserstudien aber aufgehoben würde, lernten wir Menschen ganz sicher eine neue Lebensweise kennen und hätten die Wahl. Damit würde sich die in Unordnung gestürzte Gesellschaft auf eine Erneuerung zubewegen und die Menschheit könnte wohl gerettet werden. Ich möchte dringend darauf hinweisen, dass nur wir Bürger diese Tendenz kreieren können.

Die Behauptung, das Wasser rette die Menschheit, klingt vielleicht zunächst etwas übertrieben in Ihren Ohren. Aber meine langjährigen Wasserforschungen haben mich seine Charakteristika gelehrt, und nachdem ich das Für und Wider geprüft habe, bin ich zu dem Schluss gekommen, dass dies ganz bestimmt keine Übertreibung ist.

Die Aktivierung der DNA ist der Schlüssel zur Zukunft

Laut Kazuo Murakami, Professor Emeritus der Universität Chiba, sind lediglich 3% der DNA aktiviert, die die Erbinformation des Menschen trägt. Also ruhen tatsächlich 97% der Erbinformationen unangetastet in unserem Körper. Da Gott uns aber 100% des Erbgutes anvertraut hat, ist es unsere Aufgabe, auch die restlichen 97% – und sei es auch nur ein einziges Prozent mehr – zu aktivieren.

Im Allgemeinen nimmt man an, dass die DNA das Erbgut unserer Eltern und damit das aller Generationen unserer Vorfahren überliefert. Doch wohin gelangen wir, wenn wir nun unsere Ahnenlinie bis an den Ursprung zurückverfolgen? Gelangen wir dann nicht zu Gott, unserem Schöpfer? Wenn wir unsere Gene zu 100% aktivieren könnten, hätten wir die Möglichkeit, die von Gott verliehenen Fähigkeiten umfassend einzusetzen. Dringen wir bis an diese Grenze vor, dann betreten wir meiner Meinung nach auch göttliches Terrain.

Es besteht ein Zusammenhang zwischen den Wörtern „Genie" und „Gene". Es bedeutet, dass es einem Menschen, der solch wunderbare Werke vollbringt, dass man ihn als Genie bezeichnen kann, gelingt, seine Gene voll auszuschöpfen. Warum hat Gott dem Menschen wohl 100 % der Gene zur Verfügung gestellt?

In diesem weiten Universum gibt es anscheinend viel zu tun für Gott. Aus diesem Grund hat er uns wahrscheinlich als seine Kinder erschaffen und uns die ebenfalls von ihm geschaffene Welt als Spielwiese überlassen. Mir ist, also hörte ich Gottes Stimme: „Diese Erde vertraue ich euch an. Sorgt gut für sie!"

Übrigens erwähnte ich zuvor, dass bisher nur wenig über das Wasser bekannt ist. Meiner Ansicht nach entspricht der Prozentsatz des erschlossenen Wissens über das Wasser genau den 3% der aktivierten Gene. Je größer die Fortschritte der Wasserstudien sind, je stärker die DNA aktiviert wird, je mehr wir die in uns schlummernde Weisheit erschließen, desto größer wird Gottes Freude an uns sein. Und er wird uns bestimmt Wachstum und Gedeihen versprechen. Wenn man die Zusammenhänge zwischen dem Anstieg der Weltbevölkerung und dem Fortschritt der Wissenschaften betrachtet, dann dürfte Gottes Wille offensichtlich werden.

Zur Zeit Christi Geburt zählte die Weltbevölkerung nur 200 Millionen Menschen. Erst im 19. Jahrhundert erreichte sie 1 Milliarde. Es dauerte also 1 900 Jahre, um diesen Anstieg von 800 Millionen Menschen zu erreichen. Seit der industriellen Revolution des 19. Jahrhunderts steigt die Kurve der Weltbevölkerung drastisch an. Im 20. Jahrhundert explodierte die Weltbevölkerung und erreichte auf einmal 4,5 Milliarden. In knapp 100 Jahren ist also die Wachstumsrate der Menschen in aller Welt enorm angestiegen.

Was zeigt uns diese Wachstumskurve?

Seit Beginn des 20. Jahrhunderts stieg der Einsatz von Erdöl, Steinkohle und Gas an, und sowohl die Industrie als auch die Medizin erzielten beträchtliche Fortschritte. Das Wissen und seine Vertiefung brachten Fortschritte in den Naturwissenschaften und den Technologien, ganze Gesellschaften erlangten Wohlstand und die Bevölkerung nahm explosionsartig zu. Man kann wohl sagen, dass das Erblühen unserer latent vorhandenen Fähigkeiten zur Zunahme der Bevölkerung führte.

Kurz nach Beginn in das 21. Jahrhundert kletterte die Zahl der Weltbevölkerung auf mehr als 6 Milliarden

Menschen. Dabei waren diese 6 Milliarden immer eine kritische Grenze gewesen. Die Welt hat eine neue Stufe erklommen. Doch allein mit dem „Wissen des Feuers", das bis dahin im Mittelpunkt gestanden hatte, wird der Energiebedarf der Welt nicht mehr zu decken sein. Das „Wissen des Feuers" ist das Wissen um den Einsatz von Verbrennungsenergie – wie sie zum Beispiel aus Erdöl gewonnen wird – und ist ein Teil der bisherigen vom Materialismus geprägten Lebensweise.

Ich stelle mich nicht gegen das bisherige Wissen und die Wertvorstellungen, welche der Zivilisation den Fortschritt beschert haben. Aber ich möchte hier klarstellen: Damit in Zukunft 6 Milliarden Menschen im Wohlstand leben können, dürfte ein völlig neuer Lebensstil erforderlich werden.

Gott teilt uns das in verschiedenen Formen mit. Beispielweise durch eine Vielzahl von Naturkatastrophen, wie die Hurrikane, Erdbeben und Tsunamis, die in den letzten Jahren die Welt bedroht haben. Dazu kommen die Umweltzerstörung, repräsentiert durch die globale Erderwärmung, Terroranschläge und Kriege überall auf der Welt …

Obwohl alle diese Phänomene der Menschheit ernste Schäden zufügen, ändert sich kaum etwas an unserer Lebensweise. Wir berauben und hassen uns weiterhin gegenseitig. Wenn wir so weitermachen, befürchte ich im stillen Herzen, dass Gott eines Tages die Welt für „bankrott" erklären wird.

Ein Luftbild von dem Moment, als ein Tsunami auf die Küste von Sumatra trifft. Die Form der Wellen erinnert an einen Drachen. Eine japanische Zeitung titelte damals: „Der Drachengott tobt!“ In Japan gilt der Drache als Wassergottheit.

Unser Bewusstsein wird eine neue Gesellschaft erschaffen

Wie können wir jetzt, in dieser Zeit, in der wir uns auf eine große Veränderung zubewegen, eine neue Richtung einschlagen? Der Schlüssel dazu ist das Wasser.

Wie ich bereits ausgeführt habe, ist der Zeitpunkt, um Wasserforschungen zu betreiben, für die Machthaber in Regierungen und Wirtschaft sehr ungünstig. Das Wasser lehrt uns Folgendes:

Lasst uns in Liebe und Dankbarkeit leben.
Es besteht keine Notwendigkeit, den Tod zu fürchten.
Gott ist in Dir.
Ihr seid Kinder Gottes.

Wenn wir eine Welt schaffen wollen, in der alle diese Wertvorstellungen teilen, wird sich die derzeitige Gesellschaftsstruktur von Grund auf wandeln müssen. Die heutige Welt voller Gewalt, Krieg, Angst und Hass schützt allein das Interesse der Mächtigen, die durch Waffengeschäfte, Ausbeutung von Ressourcen und spekulative Investitionen riesige Gewinne einfahren. Sie werden nicht so leicht von ihrem Streben nach Profit lassen. Deshalb ist ihnen die Wasserforschung ein Dorn im Auge. Statt des göttlichen Willens, der Erde und den Menschen zu dienen, sind sie zu „Götzen des Geldes" geworden. In letzter Zeit hat eine Gruppe von Personen den Mut gefunden, mächtige Institutionen namentlich bekannt zu machen und anzuklagen. Darunter sind auch Verschwörungstheoretiker wie David Icke, mit dem ich in Japan interessante Gespräche für ein Buch geführt habe. Für uns Normalsterbliche mag es auf den ersten Blick unwirklich erscheinen, wenn über einflussreiche Geheimgesellschaften, die Regierungen und Wirtschaft manipulieren und kontrollieren, berichtet wird. Seit Dan Browns Thriller *Illuminati* und dem überaus erfolgreichen gleichnamigen Kinofilm mit Tom Hanks in der Hauptrolle, die das Wirken einer derartigen Geheimgesellschaft thematisieren, scheint die Welt jedoch zumindest die eine oder andere Theorie für vorstellbar zu halten. Auch die Anzahl der Publikationen über Geheimbünde, wie z. B. die Gesellschaft der Freimaurer, ist deutlich gestiegen. Ich fühle ganz deutlich, dass hier etwas in Bewegung geraten ist und ans Licht kommt. Wir haben es aber weder nötig, in Furcht oder Verzweiflung zu verfallen, noch uns auf einen Kreuzzug gegen die sogenannten „finsteren Mächte" zu begeben. Was aber sollen wir dann tun?

Meiner Meinung sollten wir die Vergangenheit bis hierher würdigen und weitergehen. Dank des wissenschaftlichen Fortschrittes haben wir uns ein praktisches und reichhaltiges Leben zu eigen gemacht. Dafür können wir dankbar sein und den nächsten Schritt tun. Dabei wird unser Bewusstsein die wichtigste Rolle spielen.

Da die von Einstein in seiner Relativitätstheorie veröffentlichte Formel $E = mc^2$ die Bedeutung des Bewusstseins klar beschreibt, möchte ich sie an dieser Stelle vorstellen.

Im Allgemeinen wird diese Formel als „Energie gleich Masse mal Lichtgeschwindigkeit im Quadrat" verstanden. Aber vor etwa 15 Jahren erklärte mir der vietnamesische Psychoimmunologe Dr. Juan Van Duc, dass das c in dieser Formel nicht die Lichtgeschwindigkeit, sondern das Bewusstsein repräsentiere. Tatsächlich wird das menschliche Bewusstsein mit Lichtgeschwindigkeit übertragen. Nachdem ich das gehört hatte, dachte ich, dass das m in der Formel dann die Anzahl der Menschen bedeuteten müsse. Damit gelangte ich zu der Interpretation „Energie gleich Anzahl der Menschen mal Bewusstsein im Quadrat". Einstein hatte also sagen wollen, dass das menschliche Bewusstsein Energie erzeugt, und je größer Zahl der Menschen, in denen das Bewusstsein geweckt wird, desto mehr Energie würde entstehen. Anfang des 20. Jahrhunderts, als diese Formel veröffentlicht wurde, hatte der Imperialismus gerade seinen Höhepunkt erreicht. In dieser Zeit wäre die Behauptung, dass das Bewusstsein eines jeden Menschen alles erschaffen könnte, schlichtweg unakzeptabel gewesen. Einstein, der dies wusste, erstellte diese Formel als eine Art Chiffre und hinterließ sie der Nachwelt.

Natürlich kann man seine wahre Absicht nur erfahren, wenn man Einstein selbst befragt, aber das ist unmöglich. Ich fühle mich jedoch auf eine seltsame Art und Weise mit Einstein verbunden, so dass ich das Gefühl habe, dass ich mit dieser Interpretation gar nicht so weit von der Wahrheit entfernt liege. Das wird jetzt zwar etwas privat, aber ich möchte Ihnen doch ein wenig von dieser seltsamen Verbindung erzählen.

Auf Japanisch liest man das Schriftzeichen für „ein(s)" als „kazu" und das für „Stein" als „ishi". Und meine verehrte Mutter hieß Kazu Ishimaru, also „Ein runder Stein". Ihr Name ist dem von Einstein also sehr ähnlich. Meine Mutter verbrachte ihre Jugend zu Beginn der Showa-Zeit (1926 – 1989) und sie soll eine sehr moderne junge Frau gewesen sein. Sie lebte damals ein für Frauen sehr fortschrittliches Leben, eine elegante Dame, die in Malerei und Musik bewandert war. In meiner Familie behaupten alle, dass diese Charakterzüge unter allen Geschwistern bei mir am meisten ausgeprägt sind.

Da ich mich sehr zu Einstein hingezogen fühle, ist mir eines Tages plötzlich Folgendes bewusst geworden: Wenn man aus dem Namen meiner Mutter „ein“ = „kazu“ und „Stein“ = „ishi“ wegstreicht, bleibt nur noch „maru“ übrig. Und wenn man aus meinem Vornamen – „Masaru“ – das „sa“ streicht, bleibt als Rest „maru“, das in Kombination mit dem Namen „Einstein“ wiederum den Namen meiner Mutter ergibt. Da ich mich schon lange mit der Kraft der Wortseele beschäftige, ist dies in meinen Augen ein Beispiel für eine den Zufall übersteigende Synchronizität, und ich habe sogar das Gefühl, dass mir dadurch meine Mission gewiesen wurde.

Was braucht es, um die DNA zu aktivieren?

Dr. Van Duc brachte mich auf die Idee, die Formel aus der Relativitätstheorie als „Energie gleich Anzahl der Menschen mal Bewusstsein im Quadrat“ zu interpretieren. Doch in letzter Zeit ist mir noch etwas anderes bewusst geworden:

Ich frage mich, ob nicht das menschliche Bewusstsein mit der DNA gleichgesetzt werden kann. Im Allgemeinen ist man der Meinung, dass die Erbinformationen der DNA zu 100% von den Vorfahren stammen. Doch können wir sicher sein, dass dies wirklich so ist?

Unser ältester Vorfahre ist Gott. Demnach kann man durchaus behaupten, dass sich in der DNA Informationen von Gott befinden.

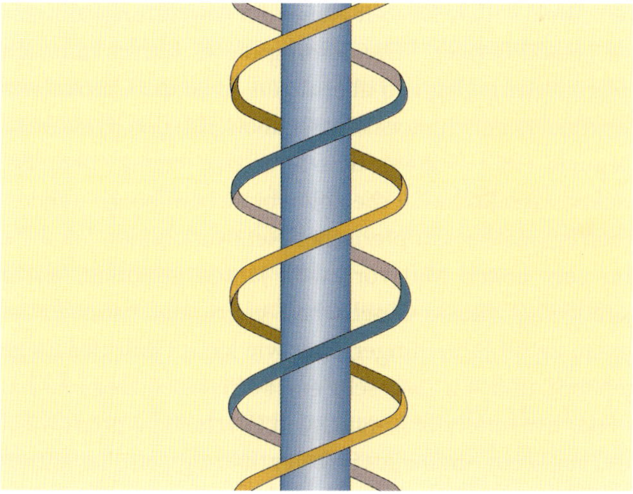

Schematische Darstellung der Wassersäule in der Doppelhelix der DNA

Wie ich bereits am Anfang dieses Buches schrieb, habe ich in den letzten zehn Jahren 65 Länder bereist und vor Hunderten und Tausenden von Menschen gesprochen. Jedes Mal erhielt ich stehende Ovationen und nach vielen Vorträgen sagten mir begeisterte Zuhörer, dass sie „beeindruckt" seien, „ihr Leben leichter wurde", „eine wichtige Erkenntnis" gehabt hätten. Auch die Medien berichteten jedes Mal groß. Dafür bin ich wirklich sehr dankbar.

Aber ich habe das Wasser nicht wissenschaftlich untersucht. Und ich lese auch nicht allzu viele Bücher. Auch meine Informationen über die Welt der Psyche habe ich nicht aktiv zusammengetragen. Außerdem basiert mein Lebensstil nicht auf besonderem Wissen und einem ausgesprochen hohen moralischen Level. Damit will ich sagen, dass ich ein ganz gewöhnlicher 65-Jähriger bin.

Warum aber sind mir so viele Menschen in aller Welt dankbar? Das verdanke ich ausschließlich der Kraft des Wassers.

Ich war während meiner Schüler- und Studentenzeit sehr aktiv – im Orchester der Mittelschule, im Fußballklub, im Chor der Oberschule und im Rugbyklub der Universität. Nachdem ich dann als Erwachsener verschiedene Erfahrungen gesammelt hatte, begegnete ich dem Wasser. Und dann folgte ich – vom Mysterium des Wassers ergriffen – meiner Frage nach dem Warum, um bis heute meine Forschungen voranzutreiben.

So habe ich nicht allein um des Wissens willen meine Studien betrieben. Dadurch, dass ich meine auf Erfahrungen basierenden Theorien beweisen und meine intuitiven Überlegungen durch den Prozess der Wasserforschungen vertiefen wollte, begann ich, das Wasser zu lieben. Und da ich das Wasser immer mehr verstehe, auch ohne gezielte Studien zu betreiben, begreife ich nach und nach verschiedene Sachen.

Die Struktur der Welt, zum Beispiel. Wie wir Menschen leben sollten. Warum die Armut nicht abnimmt. Oder was zu tun wäre, um die Umweltzerstörung aufzuhalten.

Das alles hat mich das Wasser gelehrt. Das Wasser übermittelt die göttliche Botschaft. Ich bin mir der Rolle des Wassers bewusst geworden und konnte daher die göttliche Kraft anzapfen. Bedeutet das nicht das Erwachen und Aktivieren der schlafenden DNA? Wenn die DNA eines normalen Menschen nur zu 3% aktiviert ist, dann dürfte das bei mir zu Beginn meiner Wasserforschungen genauso gewesen sein. Dadurch allerdings, dass ich mich dem Wasser näherte, überlegte, was das Wasser darüber denken würde, begann meine DNA zu erwachen, und sie wurde wahrscheinlich Stück für Stück weiter aktiviert: 3,1%, 3,2% usw. So bekam ich die Möglichkeit, Wahrheiten zu entdecken, auf die man normalerweise wohl nicht stoßen würde.

In letzter Zeit sind auch Filme mit Wasserkristall-Bildern aus *Die Botschaft des Wassers* gedreht worden. Einer davon trägt den Titel „What the Bleep do we (k)now!?" und ist von dem amerikanischen Regisseur William Arndt. Der Film aus dem Jahr 2004 erzählt die Geschichte einer Fotografin, gespielt von Marlee Matlin, die für ihre Rolle in „Gottes vergessene Kinder" den Oscar als beste weibliche Darstellerin erhielt. In ihrem frustrierenden Leben wird sie sich einer wichtigen Sache bewusst und

„What the Bleep do we (k)now!?"
(auf DVD erhältlich, HORIZON)

als Auslöser für die Überwindung ihrer Krise spielen Wasserkristall-Fotografien eine große Rolle.

Der zweite ist der russische Dokumentarfilm „Water“ aus dem Jahr 2006 von der in Moskau lebenden Regisseurin Saida Medvedeva. Dieser Film ist sehr bedeutend, denn er befasst sich mit den Themen „Das Mysterium des Wassers“ und „Eine neue Wissenschaft vom Wasser“. Neben schönen Bildern vom Wasser treten insgesamt 23 Wasserwissenschaftler und Forscher sowie religiöse Führer auf, um über die verschiedensten Forschungsergebnisse, Entdeckungen, religiösen Überzeugungen und philosophischen Gedanken zu sprechen. Auch ich wurde interviewt und als einer der Wasserforscher vorgestellt. Als Hauptthema stellt der Film die These auf, dass Wasser Informationen speichert, und ich übertreibe nicht, wenn ich behaupte, dass *Die Botschaft des Wassers* die Grundlage zum Film bildet, da die Wasserkristall-Fotografien eine wichtige Rolle spielen. Eine englische Fassung wurde im Jahre 2008 in ganz Amerika gezeigt. (Deutsche Version auf DVD mit dem Titel: „Water – Die geheime Macht des Wassers“, Polyband 2010)

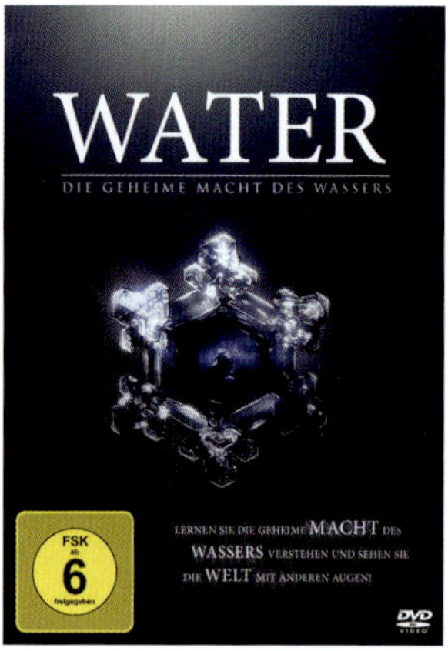

DVD „Water – Die geheime Macht des Wassers“

Die Tatsache, dass meine Wasserkristall-Fotografien nun schon in zwei Filmen in Erscheinung getreten sind, lässt mich vermuten, dass die schlafende DNA des „einfachen Mannes“, der ich war, durch die Begegnung mit dem Wasser und das Lernen von ihm erweckt wurde.

Ich darf noch anmerken, dass auch meine Frau sehr viel dazu beigetragen hat. In der von mir herausgegebenen Vereinszeitschrift habe ich eine Kolumne „Opa und Oma", in der ich meine Biografie erzähle. Ich habe diese Kolumne ins Leben gerufen, um meine Vorgeschichte an meine Enkel zu übermitteln. Aber während ich auf mein Leben zurückblickte, wurde mir wieder bewusst die große Bedeutung meiner Frau. Ich bin ihr wirklich sehr dankbar. Sie ist durch nichts zu ersetzen. In einem Leben voller Aufs und Abs war sie immer an meiner Seite, hat mich immer unterstützt und reist auch heute noch mit mir zusammen durch die ganze Welt. Dadurch, dass ich dieses Leben mit meiner Frau teile, ist es voller Liebe und Dankbarkeit. Dankerfüllt spüre ich jetzt, dass dies wider Erwarten mit der Aktivierung meiner DNA zusammenhängt.

Gänsehaut und Synchronizität: Zeichen einer aktivierten DNA

Die Aktivierung der noch schlafenden 97% der DNA ist der Weg, der uns näher zu Gott bringt; der Weg, der es uns ermöglicht, die eigenen latent vorhandenen Fähigkeiten zu entwickeln. Und das können wir durch die Annäherung an das Wasser, das Lernen vom Wasser und ein Leben in Liebe und Dankbarkeit für das Wasser realisieren.

Aber welche Zeichen signalisieren uns, dass wir auf diesem Weg voranschreiten und unsere DNA aktiviert wird? Es ist zum einen die Gänsehaut und zum anderen das Phänomen der Synchronizität.

Wenn wir von ganzem Herzen dankbar sind oder wenn wir ein sehr bewegendes Erlebnis haben, reagiert unsere Haut sehr empfindlich und für einen Augenblick überkommt uns ein Schauer. Bei dieser seltsamen Reaktion spielen die komplizierten Gedanken, die normalerweise in unserem Kopf ablaufen, überhaupt keine Rolle. Als Wasserforscher treffe ich sehr viele Menschen, erhalte sehr viele Informationen. Dabei habe ich eine Technik für mich entwickelt, mit der ich Wahres von Falschem unterscheide. Das ist die Gänsehaut. Es ist ein Zeichen der DNA, also von Gott. Und warum bekomme ich dabei eine Gänsehaut? Das kommt daher, dass wir ja zu einem großen Teil aus Wasser bestehen, und das Wasser liebt harmonische und schöne Schwingungen.

Wenn die Gänsehaut ein Zeichen der DNA ist, stellt die Synchronizität wahrscheinlich ein Zeichen aus der fünften Dimension dar. Synchronizität bedeutet „Gleichzeitigkeit", d.h., es gibt eine „Übereinstimmung mit einem bedeutenden Zufall". Dieses System scheint folgendermaßen zu funktionieren:

Menschen, die immer wieder versuchen, mit der fünften Dimension in Kontakt zu treten, beginnen auf einer unbewussten Ebene, Informationen miteinander auszutauschen. Da sie auf der unbewussten Ebene verbunden sind, passieren wiederholt ähnliche Phänomene und diese können zufällige Übereinstimmungen verursachen, die man eigentlich nur als „göttliche Unterstützung" bezeichnen kann.

Wenn Sie immer öfter Erfahrungen machen, die bei ihnen eine Gänsehaut verursachen, und häufig Synchronizität erleben, dann beweist dies, dass ihre DNA aktiviert wurde. Ihre Verbindung zur fünften Dimension wird immer stärker und sie rücken Gott immer näher.

Nun will ich Ihnen etwas über die Synchronizität erzählen, die ich in letzter Zeit erlebte. Am 3. August 2008 wurde am Baikalsee in Russland eine Zeremonie abgehalten, bei der dem Wasser Liebe und Dankbarkeit entgegengebracht wurde und an der ich mit meinen Mitarbeitern teilnahm. Es war eine von der Produzentin des Dokumentarfilms „Water" organisierte Veranstaltung, bei der auch für den geplanten Folgefilm „Water 2" gedreht werden sollte. Wir wendeten uns dem Jahr für Jahr immer stärker verschmutzten Wasser des Baikalsees zu und brachten ihm Worte der Liebe und Dankbarkeit sowie die „Große Beteuerung" dar.

Es geschah drei Stunden nach der etwa einstündigen Zeremonie. Ein riesiger Regenbogen erschien am Himmel. Es war sogar ein doppelter!

In Russland sagt man von einem Regenbogen, er sei der Segen Gottes. Bestimmt wollte uns der Himmel bestätigen, dass unsere Gebete angekommen waren. Die ortsansässige Bevölkerung war ebenfalls erstaunt: „So

Der doppelte Regenbogen am Baikalsee in Russland

einen großen Regenbogen sehe ich zum ersten Mal!" „Gott hatte uns grünes Licht für unsere Aktivitäten gegeben." Mit diesem erhebenden Gefühl verließen wir diese Region.

Der Regenbogen über Vancouver Island, Kanada

Nach diesem Ereignis habe ich noch zwei weitere Regenbögen gesehen. Den zweiten am 17. August nach einem Vortrag vor 700 Menschen auf Vancouver Island in Kanada. Auch diesmal war es ein klarer und großer Regenbogen und wir alle waren sehr beeindruckt.

Der dritte zeigte sich am 22. August nach der Wasserkonferenz im spanischen Saragossa. Es kommt sehr selten vor, dass man innerhalb von drei Wochen dreimal einen Regenbogen zu sehen bekommt. Diese drei Ereignisse haben mich unglaublich motiviert.

Als ich danach wieder nach Japan zurückkam und mir die Weltkarte betrachtete, überkam mich eine Gänsehaut. Die drei Regenbögen waren nämlich laut dieser Karte (siehe Seite 110) ziemlich genau in gleicher Entfernung erschienen.

La foto

Un regalo

La naturaleza brindó en la tarde del viernes un regalo en forma de arco iris que apareció sobre el Palacio de Congresos de Huesca. No es una mera coincidencia ya que este fin de semana se desarrolla allí el Encuentro de la Ecología del Agua en el que se ha mostrado la vinculación de la ciencia y la realidad con el agua como elemento común. La teoría dice que el arco iris es un fenómeno óptico y meteorológico, pero es una muestra del poder del agua que, como dice Masaru Emoto, se manifiesta en muchos sitios e influye en el ser humano y en sus sentimientos.

Der Regenbogen im spanischen Saragossa (aus der Lokalzeitung)

Als ich die Karte so betrachtete, erinnerte ich mich an das Titellied „Über dem Regenbogen“ aus dem Film „Der Zauberer von Oz“, den ich vor vielen Jahren gesehen hatte. Im Text heißt es: „Irgendwo über dem Regenbogen liegt das Land Utopia, wo ich auch bald hin möchte.“

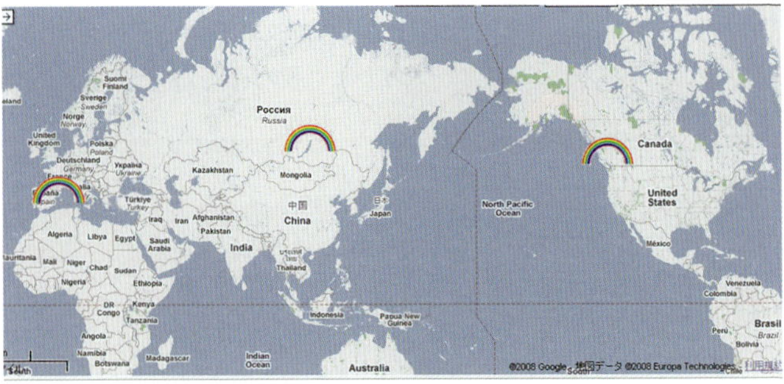

Die drei Regenbögen, die im August erschienen waren

Als mir der Text des Liedes eingefallen war, das ich damals so gerne mochte, wurde es mir bewusst: Der Regenbogen ist das Tor zur fünften Dimension und dort liegt die Information, die wir für eine neue Lebensweise benötigen. Wenn wir durch das Tor des Regenbogens schreiten, können wir diese Information anzapfen.

Haben Sie in letzter Zeit einen Regenbogen gesehen? Ein Regenbogen geht mit den positiven Schwingungen einher, die wir in Resonanz verströmen, und zeigt ihre Gestalt in der Atmosphäre. Lassen Sie uns Hoffnung schöpfen, auf dass schöne Regenbögen über der Erde entstehen!

Die Wahrheit über das Wasser für die Kinder

Die Hoffnungsträger der Zukunft sind unsere Kinder. Aber Mobbing, Schulverweigerung sowie ungleiche Bildungschancen und Missbrauch in der Familie vereinfachen nicht gerade die Lebensbedingungen der nächsten Generation.

Besonders die Schwierigkeiten, die mit der Schulbildung zusammenhängen, wiegen schwer und sind zudem tief verwurzelt. Obwohl ein neues Zeitalter eine neu strukturierte Schulbildung erfordert, scheint es so, als ob sich unsere Generation, die für die Bildung und Chancengleichheit verantwortlich ist, weiterhin blind vorwärtstastet.

Was ist denn Bildung eigentlich? Ich verstehe als Bildungsziel, den Kindern zu vermitteln, was Schönheit ist. Die Schönheit gründlich zu erforschen, führt zu Harmonie. Ja, mit Mensch und Natur in Harmonie zu leben und eine schöne Welt zu schaffen, das ist der Wille Gottes. Wenn dem so ist und wir das Wasser als Schlüssel dazu verstehen, sollte der einzuschlagende Weg unschwer zu erkennen sein.

Wären die Wasserkristalle nicht in sich harmonisch, könnte man sie nicht als schön bezeichnen. Das Wasser, dessen Bestandteile miteinander resonieren und eine wohlproportionierte Form bilden, besitzt eine wunderbare Energie. Es lehrt uns, dass es am wichtigsten ist, einträchtig und harmonisch mit seiner Umgebung zusammenzuleben.

Die Tatsache, dass das Wasser die ideale Lebensweise des Menschen anschaulich darstellt, hat eine Persönlichkeit der Sengoku-Zeit (1467 – 1568 n. Chr.) kurz und bündig als die „Fünf Lehren des Wassers“ formuliert. Sein Name ist Kuroda Josui (1546 – 1604 n. Chr., eigentlich Kuroda Yoshitaka). Er war ein Lehnsmann von Toyotomi Hideyoshi und als Stratege bekannt, der sich erst Kanbei („Regierungssoldat aus Wei“) nannte, aber nachdem er ins Kloster eingetreten war, Josui gerufen wurde.

Hier seine „Fünf Lehren des Wassers“:

1. Wasser setzt sich selbst in Bewegung und bewegt anderes.
2. Wasser sucht sich immer selbst seinen Weg und ist nicht aufzuhalten.
3. Wenn es auf ein Hindernis trifft, verstärkt es seine Anstrengungen gewaltig.
4. Wasser dringt sowohl in Reines als auch Unreines ein; es reinigt sich selbst und wäscht anderes sauber.
5. Es erfüllt die grenzenlosen Meere, steigt auf in die Wolken und verwandelt sich in Nebel; gefroren wird es zu einem hell erstrahlenden Spiegel und verliert dabei seine Charakteristika nicht.

Es gibt auch eine Theorie, dass diese „Fünf Lehren des Wassers“ von der Philosophie Laotses beeinflusst sind. Wenn man die Botschaft von Josui in einem Satz zusammenfasst, so müsste der wohl lauten: „Lasst uns nach dem Beispiel des Wassers leben!“ Wenn wir diese Botschaft leicht verständlich den Kindern weitergeben könnten, dürften meiner Ansicht nach die jetzigen Probleme bald gelöst sein.

In ihrer Unbedarftheit würden Kinder diese Botschaft wohl ganz ohne Vorurteil aufnehmen.

Ich hatte die Idee, den Kindern die große Bedeutung der Liebe zum Wasser zu vermitteln, und begann 2006 damit, eine kostenlose Ausgabe des Kinderbuches *Die geheimnisvolle Sprache des Wassers* zu verteilen, in der mit Wasserkristall-Fotografien illustriert leicht verständlich das Wasser erklärt wird.

Diese Aktion mit dem Namen „Emoto Peace Project" hat sich zum Ziel gesetzt, bis zum Jahr 2015 rund 650 Millionen Exemplare dieses Buches zu verteilen. Das ist ein sehr ehrgeiziges Ziel, vor allem wenn man es allein bewältigen will, aber meinen Enkeln und allen Kindern dieser Welt möchte ich alles, was ich bisher über das Wasser herausgefunden habe, nahebringen. Also bin ich auch immer noch stark in dieses Projekt involviert.

Das Kinderbuch *Die geheimnisvolle Sprache des Wassers* (zum Herunterladen bei www.prana.at)

Mit der tatkräftigen Hilfe verschiedener Personen und Organisationen kommt diese Aktion so langsam in Fahrt, so dass ich im Jahr 2008 allein in Japan, Indonesien, Thailand, China, der Türkei, auf Hawaii, in Korea, Spanien etc. – insgesamt waren es 20 Länder – etwa 120 000 Exemplare verteilen konnte.

Besonders beeindruckend fand ich, dass die Schüler einer einzigartigen Schule in der Türkei, der Doga School, in der ein neues System und neue Erziehungsrichtlinien eingeführt wurden, ein Projektteam aufstellten und in Eigeninitiative 10 000 Exemplare einer türkischen Version des Bilderbuches drucken ließen. Als ich im März 2009 auf ihre Einladung hin die Türkei besuchte, war ich ganz erstaunt über ihre außergewöhnliche Tatkräftigkeit, Selbstständigkeit und Fröhlichkeit. Beim Vortrag für die Grund- und Mittelschüler und ihre Angehörigen berührten mich ihre begeisterten Blicke sehr. Auch heute noch erinnere ich mich an den unvergesslichen Moment, in dem nach dem Vortrag ein Grundschüler mit den Worten „I love you, Dr. Emoto" auf mich zukam und mir einen Brief überreichte.

In Indonesien verbreiteten die Lehrerin Christina und Suzie, die Übersetzerin von *Die Antwort des Wassers*, das Bilderbuch *Die geheimnisvolle Sprache des Wassers*. Als ich im Dezember 2008 Indonesien besuchte, konnte ich dank ihrer Vermittlung einige lokale Schulen besichtigen. Im Folgenden will ich Ihnen von einer solchen Schulbesichtigung berichten, die mich sehr beeindruckt hat.

Am 8. Dezember besuchte ich die Grund- und Mittelschule Aloysius in Bandung, in der Nähe von Jakarta. Zunächst empfingen mich die Schüler mit einem schönen Lied. Danach präsentierten Schüler, die im Kinderbuch Kristall-Fotografien gesehen hatten, das Ergebnis eines Versuchs mit Spinatpflanzen.

Die Spinatpflanzen waren in drei Versuchsgruppen eingeteilt:

1. Spinat, der „Danke" und andere nette Worte gehört hatte.

2. Spinat, mit dem zwar nicht geredet wurde, dem aber schöne Musik vorgespielt wurde.
3. Spinat, mit dem nicht geredet und dem auch keine Musik vorgespielt wurde – der dagegen einfach ignoriert wurde.

Die Pflanze der ersten Versuchsgruppe war großgewachsen und üppig sprossen ihre Blätter. Am Spinat der zweiten Gruppe wuchsen etwas weniger Blätter als bei der ersten Gruppe und er war auch nicht so groß geworden. Der Spinat der dritten Gruppe zeigte überraschenderweise in der Blattgröße keinen großen Unterschied zur ersten Gruppe, aber als die Lehrerin mich aufforderte, die Blätter doch einmal genauer zu betrachten, sah ich, dass sie an verschiedenen Stellen von Insekten angeknabbert waren. Das klingt vielleicht wie ein Witz, aber der Spinat, der ignoriert (jap. mushi suru) worden war, wurde von Insekten (jap. mushi) gefressen.

Der von Insekten zerfressene Spinat

Als ich das gesehen hatte, meinte ich: „Das ist bezeichnend für die heutige junge Generation!", und erklärte dies dann den Schülern. Genauso wie Spinatpflanzen, werden auch Menschen von ihrer Umwelt beeinflusst. Die Spinatpflanzen, die ignoriert worden waren, sehen auf den ersten Blick ganz in Ordnung aus, aber je stärker sie von den Insekten angefressen werden, desto mehr schwindet ihre Immunkraft. Die jungen Leute von heute sind großgewachsen und sehen kräftig aus. Wenn man sie aber weiterhin missachtet, ereilt sie das Schicksal wie diese Spinatpflanzen. Meiner Ansicht nach gab dieser

Versuch den Schülern dieser Schule einen wichtigen Hinweis.

Danach besuchte ich noch eine Schule in Jakarta, und auch dort konnte ich mich von dem hohen Bewusstseinslevel dieses Landes bezüglich des Wassers überzeugen. An alle 1 000 Schüler dieser Schule war ein Exemplar verteilt worden, und die Schüler, die das Buch gelesen hatten, dachten sich einen Versuch mit Wasser aus, den sie dann selbst durchführten. Als ich dann diese Schule besuchte, überraschten mich die Schüler mit einer Präsentation ihrer Projekte, die der Arbeit eines Erwachsenen in keiner Weise nachstanden. Das Bildungswesen, das ich mir vorstelle, habe ich in Indonesien bereits vorgefunden. Wenn es doch nur mehr Schulen dieser Art gäbe!

Die Kinder, die das Bilderbuch gelesen haben, werden diese Erde bestimmt in die richtige Richtung führen. Dieser Gedanke und die strahlenden Gesichter der Kinder motivieren mich weiterhin, dieses Projekt mit aller Kraft voranzubringen.

Die Menge von 650 Million Exemplaren entspricht 10% der Erdbevölkerung. Diese Zahl ist von großer Bedeutung. In der Welt der Mikroorganismen gibt es jeweils 10% „gute" und „schlechte" Bakterien, und die übrigen 80% sind „Opportunisten", die sowohl „gut" als auch „schlecht" sein können. Die Gruppe, die auch nur um 1% stärker ist, zieht die „Opportunisten" mit einem Schlag auf ihre Seite. Das erklärte mir Professor Teruo Higa, der durch *Effektive Mikroorganismen* berühmt gewordene Gartenbau- und Landwirtschaftsexperte. Wenn man bedenkt, dass alle Dinge dem Gesetz der Analogie folgen, dann könnte dieses Phänomen auch auf der Ebene der Menschen zu beobachten sein. Nein, gerade weil ich sogar fest daran glaube, dass es so ist, gebe ich dieses Projekt nicht auf.

Was jetzt gerade in der Welt passiert

Wenn ich so um den Erdball reise, dann habe ich das Gefühl, dass sich der Zustand der Welt, von der ich noch vor kurzem den Eindruck hatte, dass sie kurz vor der von Gott bestimmten „Insolvenz“ stände, sich immer mehr zum Besseren wendet. Natürlich stehen wir noch vor vielen schwierigen Problemen: die Klärung der Energiefrage, die Kluft zwischen Arm und Reich, die Umweltzerstörung, Kriege und Bürgerkriege. Aber je mehr ich um die Welt reise, desto intensiver fühle ich, wie sich das Bewusstsein der Menschen weiterentwickelt und sich ein Netzwerk der Hoffnung bildet.

Vor allen Dingen drückt die Tatsache, dass das Wasser aus „Liebe und Dankbarkeit“ einen so schönen Kristall ausbildet, die uns verliehene Hoffnung aus.

Indem wir mit Liebe und Dankbarkeit im Herzen leben, erhält unsere Existenz eine absolute Schönheit und beginnt zu leuchten. Das Licht erhellt nicht nur das Leben eines Menschen, sondern kann auch auf die Menschen in seiner Umgebung strahlen. Dieses Licht erleuchtet Schritt für Schritt die ganze Welt und sollte uns zu einem natürlich friedvollen Leben ohne Konflikte führen.

Liebe und Dankbarkeit für das Wasser, Liebe und Dankbarkeit für die Vorfahren, denen wir Generation für Generation unser Leben verdanken, Liebe und Dankbarkeit für Gott, Liebe und Dankbarkeit für die Natur, Liebe und Dankbarkeit für alle Pflanzen, die auf dieser Erde wachsen, Liebe und Dankbarkeit für alles, was da „kreucht und fleucht“.

Wenn jeder Einzelne das Prinzip der Liebe und Dankbarkeit verstände und es in seinem Leben widerspiegelte – genauso wie das Wasser durch die Energie der Liebe und Dankbarkeit kunstvolle Kristalle formt –, würde die von uns ausgehende Liebe und Dankbarkeit in der ganzen Welt die allerschönsten Erfolge bewirken.

Das ist gar nicht so schwierig. Ein Beispiel für die enorme Leichtigkeit, Liebe und Dankbarkeit umzusetzen, habe ich – von Japan aus gesehen – auf der anderen Seite der Welt kennen gelernt. Ich will Ihnen von meiner Begeisterung berichten, als ich im November 2008 eine Einrichtung für behinderte Kinder in Santiago de Chile besuchte.

In diesem Zentrum werden etwa zwanzig Hunde – hauptsächlich Golden Retriever – gehalten, die sich in der Regel während des Unterrichts und in der Freizeit bei den Kindern aufhalten. Die Hunde hängen derart an den Kindern, dass sie sogar im Unterricht still an ihrer Seite sitzen. Darüber konnte ich erst einmal nur lächeln, aber wie sehr war ich erstaunt, als sich in der Mittagspause jeweils fünf bis sechs Kinder um einen Hund scharten und ihren Kopf auf dem liegenden Hund betteten, um ihren Mittagsschlaf zu halten. Die Hunde störte das nicht, und auch meine Frau, die Hunde liebt, legte sich eine Weile dazu.

Danach wurden wir zu den Hundehütten geführt, wo ich das bisher Gesehene plötzlich begriff: Am Boden der Wasserschalen der Hunde war eine Kristall-Fotografie aus Liebe und Dankbarkeit aufgeklebt. In den zwei Jahren, in denen diese Fotografien nun dort hafteten, waren die Hunde sehr sanft und gesund geworden. Als Nächstes besichtigte ich das Schwimmbad, wo ich am Beckenrand die Schriftzeichen für „Liebe“ und „Dankbarkeit“ auf Spanisch fand. Ganz begeistert kehrte ich ins Klassenzimmer zurück. Dort entdeckte ich dann, dass die Kinder auf die Untersetzer für die Wassergläser der Gäste Wasserkristall-Fotografien geklebt hatten. Wohl gerade weil sowohl die Hunde als auch die Kinder keine Hintergedanken hatten, konnten sie ganz einfach die Liebe und die Dankbarkeit annehmen. Ich fühlte die Schwingungen des Glücks, die von ihnen ausgingen, sogar körperlich, und so war es auch für mich ein sehr erinnerungswürdiger Tag.

Liebe und Dankbarkeit auf Spanisch an der Wand des Schwimmbeckens

Begegnung zwischen Kindern und Hunden

Selbstgebastelte Untersetzer mit Wasserkristall-Fotografien

Der Wasserkristall aus Liebe und Dankbarkeit im Wassernapf der Hunde

Liebe und Dankbarkeit so zu leben, ist sehr einfach. Wenn man sich dabei aber verkrampft und zu viel darüber nachdenkt, dann wird es dagegen sehr schwierig. Ich möchte, dass Sie aus diesem Beispiel lernen: Drücken Sie Liebe und Dankbarkeit auf Ihre eigene Art und Weise aus, so wie es Ihnen in den Sinn kommt. Dann wird ihr Leben mit Sicherheit noch schöner erstrahlen.

Das Wasser gibt uns jederzeit eine Antwort.

Wenn man einen Wasserkristall unter einem Mikroskop betrachtet, erkennt man hinter dem Kristall, auf den man sich fokussiert, noch unzählige weitere Kristalle. Man bekommt den Eindruck, dass sich in nur einem einzigen Tropfen Wasser das ganze Universum entfaltet.

Wenn ich diese wunderbare Welt betrachte, dann habe ich das Gefühl, dass sich nach der 100%igen Aktivierung unserer DNA ein Tor zu größerem Potenzial öffnen wird. Die Menschheit wird durch dieses Tor schreiten und auf eine Reise zu neuen Möglichkeiten aufbrechen.

Es gibt nichts, was mich glücklicher machen würde, als dass wir auf dem Weg zu dem Tag, an dem sich uns diese Möglichkeiten eröffnen, gemeinsam in Liebe und Dankbarkeit leben könnten.

4

Mit Liebe und Dankbarkeit die Immunkraft steigern

Gerade als ich die Niederschrift dieses Buches fertigstelle, beginnt der neue Grippevirus die Welt in pandemischem Ausmaß zu bedrohen, und die Weltgesundheitsorganisation (WHO) setzte die Warnstufe auf Phase 5 herauf (1. Mai 2009).

Dadurch entsteht der Eindruck, dass nicht nur Japan, sondern auch alle anderen Länder auf der Erde in Panik geraten.

Da ich aus der alternativen Richtung die medizinische Praxis kennen lernte, mehr als 20 Jahre die Tendenzen der als Schwingungen bezeichneten Energie der Elementarteilchen studiert habe und seit mehr als 15 Jahren die Wasserkristall-Fotografien betrachte, empfinde ich es als meine Pflicht, Ihnen, verehrte Leser, hierzu einen angemessenen Rat zu geben. Ich möchte also an dieser Stelle meine Gedanken zu diesem neuartigen Grippevirus ausführen.

Wenn ich die Schlussfolgerung vorwegnehmen darf: Wer sich vom Inhalt dieses Buches angesprochen fühlt und selbst von Liebe und Dankbarkeit erfüllt ist, wird ganz sicher nicht von diesem Virus befallen werden, weil nämlich die Energie der Liebe und Dankbarkeit nichts anderes als die von Gott gegebene Immunkraft ist.

Was ist ein Virus? Es scheint, dass weder die Biologie noch die Medizin das derzeit genau wissen. Aber bisher hat man herausgefunden, dass ein Virus sowohl anorganische als auch organische Charakteristiken in sich vereinigt.

Als ich vor langer Zeit diese Erklärung las, erschien mir der Virus ganz wie eine mit Schwingungen ausgestattete Lebensform, da Frequenzen nämlich wie Halbleiter funktionieren, um die extrem kleinen Schwingungen zu erklären, welche Sein und Schein verbinden.

In diesem Zusammenhang erinnere ich mich an eine Begebenheit aus der Zeit, als ich mich der Hado-Beratung verschrieben hatte. Eines Tages bekam ich plötzlich Besuch von einer Hado-Instruktorin und diese sagte mit ernster Miene zu mir: „Herr Dr. Emoto, der Sohn meines Chefs liegt schon lange im Krankenhaus, und heute hat man festgestellt, dass er sich mit dem Krankenhausvirus infiziert hat und sich nun in einem kritischen Zustand befindet. Er soll sogar in Lebensgefahr schweben, so dass ich Sie bitten möchte, ob Sie nicht irgendetwas tun können!"

Ich sah, wie sie vor Verzweiflung den Tränen nahe war und antwortete ihr: „Ich verstehe. Dann wollen wir mal sehen, was ich tun kann." Ich legte das Foto des Sohnes, das sie mitgebracht hatte, auf das MRA-Gerät, mit dem man Schwingungen messen kann, und startete die Messung. Dann begann ich eifrig damit, die negativen Schwingungen, die das Gerät ausgab, zu neutralisieren – eine nach der anderen, so als ob ich eine Zwiebel schälte. Als ich etwa bei der zehnten Lage angekommen war, gab das Gerät einen Code aus, den ich noch nie gesehen hatte, der mich aber in meinen Vermutungen bestätigte. Als ich ihn in meiner Tabelle nachschlug, stand dort wie erwartet der Name eines Virus. Seit dem Beginn der Messung, die ich um 18 Uhr an der Fotografie vornahm, waren mehr als zwei Stunden vergangen.

Ich bereitete ein Hado-Wasser vor, das die Schwingungen dieses Virus neutralisieren würde, und übergab es der Dame mit der Anweisung, dieses Wasser solle sofort ins Krankenhaus gebracht werden.

Am nächsten Morgen erhielt ich als Erstes einen Anruf von ihr: „Vielen Dank, Herr Dr. Emoto! Er ist sofort wieder vitaler geworden. Die Ärzte im Krankenhaus sind auch sehr erstaunt. Vielen herzlichen Dank!"

Das war meine erste Erfahrung damit, dass das Hado-Wasser Viren besiegen konnte. Seit damals konnte ich mich davon überzeugen, dass eine Hado-Behandlung die beste Methode gegen Viren ist. Danach habe ich noch in vielen weiteren, ähnlich gelagerten Fällen eine erfolgreiche Behandlung durchgeführt. Deshalb kann ich Ihnen auch in diesem Fall eine adäquate Maßnahme empfehlen.

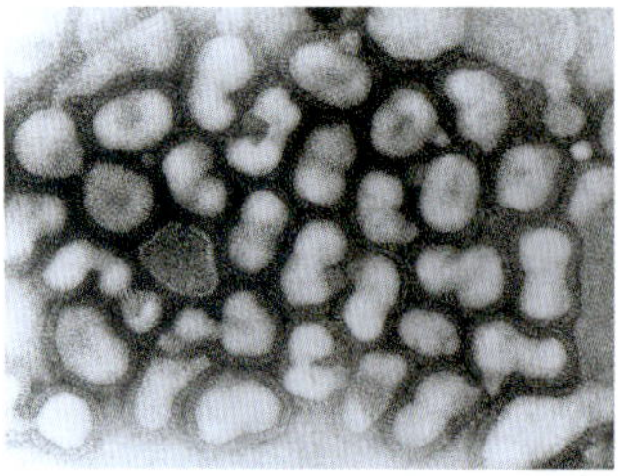

Aufnahme des „Schweinegrippe"-Virus unter dem Elektronenmikroskop (©Content Provider(s): CDC: Dr. Erskine Palmer)

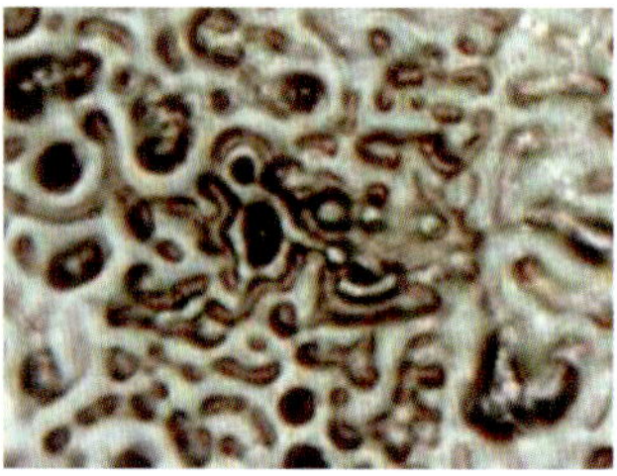

Kristall-Fotografie, die bei dem radioaktiven Zwischenfall in Tokaimura vom Wasser eines Brunnens aufgenommen wurde, der auf einem nur 400 Meter weit entfernten Grundstück lag

Wasserkristall-Fotografie vom radioaktiv verseuchten Brunnenwasser, nachdem darauf Immunschwingungen (Liebe und Dankbarkeit) übertragen worden waren

Bevor ich Ihnen ganz konkret die erforderlichen Maßnahmen erkläre, möchte ich Ihnen noch ein paar Fotografien zeigen. Das Bild links oben auf Seite 124 ist eine Aufnahme dieses neuartigen Virus unter dem Elektronenmikroskop. Und das Bild oben rechts zeigt einen Wasserkristall, der 1999 bei dem radioaktiven Zwischenfall in Tokaimura aus Wasser von einem Brunnen eines 400 Meter entfernten Grundstückes entstand.

Es ist schon seltsam, aber meinen Sie nicht auch, dass diese Bilder sich ähneln?

Das Foto darunter zeigt den Wasserkristall, nachdem man auf das Wasser des zweifelsfrei radioaktiv verseuchten Brunnens Immunschwingungen, d.h. die Schwingungen der Worte „Liebe und Dankbarkeit" übertragen hatte. Wie Sie sehen, ist es ein bemerkenswert schöner Wasserkristall geworden.

Vom Standpunkt meiner langjährigen Studien aus betrachtet, wurde der schädliche, radioaktive Einfluss auf das Wasser durch die Schwingungen von Liebe und Dankbarkeit ausgelöscht.

Es gibt noch eine an ein Wunder grenzende Begebenheit, welche die Effektivität von Liebe und Dankbarkeit gegenüber Radioaktivität untermauert.

Die Katastrophe in Tschernobyl in der Ukraine im Jahre 1986 ist ein unvergessliches, schreckliches Beispiel für die beängstigenden Spätfolgen eines Reaktorunfalles. Die radioaktive Strahlung war sehr stark und die Bevölkerung der Umgebung musste sich dem Umsiedlungsbefehl beugen und ihre Heimat verlassen. Nur ein Junge namens Alexsej und 55 alte Leute aus dem Dorf Budisch in Weißrussland folgten dem Umsiedlungsbefehl nicht und leben noch heute dort.

Warum können diese Menschen in einem solch verstrahlten Dorf weiterleben? Das verdanken sie einer

Quelle, die sich im Dorf befindet. Geologisch gesehen entspringt an dieser Quelle Wasser, das vor 100 Jahren auf die Erde gelangte. Offensichtlich glauben Aleksej und die alten Leute, dass dieses Wasser nicht radioaktiv verstrahlt ist, weil es vor 100 Jahren als Regen auf die Erde kam, und bringen dieser Quelle Liebe und Dankbarkeit entgegen. Diese Einstellung ist bestimmt die Ursache dafür, dass die dort mehrfach durchgeführten Messungen tatsächlich keine radioaktive Strahlung anzeigten.

Die beiden Bilder auf Seite 124 werfen in mir die Frage auf, ob Viren und Radioaktivität nicht Halblebewesen mit ähnlichen Charakteristika sein könnten. Wenn dem so wäre, könnten doch die Schwingungen von Liebe und Dankbarkeit, die dem radioaktiv verseuchten Wasser die Gefährlichkeit genommen haben, auch bei diesem Virus wirksam sein.

Aufgrund meiner bisherigen Erfahrungen und Lektionen, die ich erhalten habe, denke ich, dass die Viren tatsächlich Halblebewesen mit Schwingungen sind und dass, um sie zu entfernen bzw. sich vor ihnen zu schützen, eine Schwingungsbehandlung am effektivsten und vernünftigsten wäre.

Die Methode für diese Schwingungsbehandlung ist folgende:

Man sollte immer von Liebe und Dankbarkeit erfüllt leben. Und eine vorbeugende Maßnahme könnte sein, auf eine Flasche ein Etikett mit der Aufschrift „Liebe und Dankbarkeit“ zu kleben und täglich aus dieser Flasche Wasser zu trinken, das diese Worte gelesen hat.

Alle irdischen Phänomene gründen auf dem Prinzip der Resonanz. Wenn Ihr Herz mit negativen Gedanken wie Unsicherheit und Angst erfüllt ist, dann ist die Wahrscheinlichkeit hoch, dass Sie sich mit gefährlichen

Viren anstecken. Aber wenn dem nicht so ist, dann werden diese einfach an Ihnen vorbeigehen. Deshalb gibt es nichts zu befürchten.

Ich lade Sie herzlich ein, ab heute Ihr Leben mit dem Ziel zu führen, ein Botschafter der Liebe und Dankbarkeit zu werden.

Nachwort

Ich schreibe diese Zeilen am 22. Mai 2009 in einem Hotel in Prag in Tschechien. In zwei Monaten werde ich meinen 66. Geburtstag feiern. Diesmal bin ich auf einer 35-tägigen Weltreise mit den Stationen Washington D. C., Sofia (Bulgarien), Budapest (Ungarn), Prag (Tschechien), Wien und Salzburg (Österreich), wieder Prag, Utrecht (Holland), Dublin (Irland), Lissabon (Portugal) und dann über Hongkong zurück nach Japan. Zwei Tage später reise ich bereits wieder nach Kalifornien ab, so dass ich mich vorerst noch nicht von diesem übermenschlichen Terminplan erholen kann.

Solche Weltreisen mache ich nun schon seit neun Jahren. Die längste war zwar keine Reise in 80 Tagen um die Welt, aber sie dauerte immerhin 81 Tage.

Warum ich das tue, habe ich selbst am Anfang nicht so genau verstanden. Aber in letzter Zeit habe ich – zumindest für mich selbst – eine Antwort auf diese Frage gefunden. Heute erhalte ich aus den verschiedensten Ländern von unterschiedlichen Gruppen so oft Einladungen, dass ich längst nicht mehr alle annehmen kann. Ich erkenne diese Aufgabe jedoch als wichtig an und arbeite diesen Terminplan dann mit höchstem Einsatz ab.

Dabei bin ich von Haus aus gesundheitlich gar nicht so stabil. Ich bin schwach zu Fuß und kann längere Strecken gar nicht mehr laufen. Auch meine Sehkraft nimmt langsam ab – auf dem linken Auge bin ich fast blind. Deshalb reise ich in den letzten fünf Jahren nur noch mit der Unterstützung meiner Frau.

Mein Arzt sagte mir, ich solle nach Möglichkeit längere Auslandsreisen vermeiden, aber das ignoriere ich und bin im Jahr nur etwa 50 Tage zu Hause. Deshalb merke ich selbst nun auch, dass ich ziemlich schwach geworden bin und meine subjektiven Beschwerden zugenommen haben.

Trotzdem reise ich weiterhin um die Welt. Ich denke, dass ich es einfach tun muss. Ein Grund dafür ist, dass ich es liebe zu reisen, und überall da, wo Sie mich empfangen, zu den Menschen zu sprechen. Ein weiterer Grund ist die Sorge, dass wenn ich mich einmal ausruhen würde, ich nicht mehr die Kraft aufbrächte, wieder zur nächsten Reise aufzubrechen. Für mich ist von größter Bedeutung, zu vermitteln, dass jetzt für diese Erde und für die Menschheit eine überaus wichtige Zeit angebrochen ist, in der – solange die Menschen mich nötig haben – ich auf keinen Fall rasten und ruhen darf.

Warum treibt mich dieser Gedanke an? Das beruht auf einem Erlebnis, das ich vor etwa sieben bis acht Jahren bei einer Konsultation bezüglich meiner früheren Leben hatte. Etwa zwei bis drei Jahre vorher hatte ich begonnen, als Wasserforscher die Welt zu bereisen. Zunächst war ich damals eher als Autor der Bestseller *Die Botschaft des Wassers* und *Die Antwort des Wassers* auf Vortragsreise unterwegs. Aber eines Tages wurde mir bewusst, dass mich die Menschen fast wie einen Erlöser betrachteten. Als dieses Gefühl in mir aufkam, begann auch ein gewisser Unmut in mir aufzusteigen: „Halt, halt – das stimmt nicht! Ich bin kein so außergewöhnlicher und wundervoller Mensch!" Da ich mir über meine Rolle unschlüssig war, kam ich auf Vermittlung eines Mitarbeiters dann zu einer Frau, die exakt die Vorleben bestimmen konnte, um mich beraten zu lassen. Das Ergebnis war folgende göttliche Botschaft:

„Herr Emoto, Sie waren schon im alten Atlantis ein Wasserguru. Sie werden immer wieder als Wasserguru wiedergeboren. Das war auch so im Zeitalter der alten Maya-Kultur und zu Zeiten der Indianer. Nie hatten Sie

Erfolg; Sie verloren Ihre Welt und Ihre Freunde. Der Grund liegt darin, dass Sie zu stark die Rolle des Gurus verkörperten. Dadurch verließen sich die Menschen zu sehr auf Sie und taten selbst nichts, so dass Ihre Mission scheiterte.

Damit sich dieser Misserfolg in diesem Leben nicht wiederholt, wurden Sie als gewöhnlicher Mensch geboren. Aber Sie kamen mit latent vorhandenem Wissen über das Wasser auf die Welt. Das ist im Alter von ungefähr 50 Jahren offensichtlich geworden. Deshalb sollten Sie nicht zögern. Ich rate Ihnen, weiterhin ernsthaft diesen Weg zu beschreiten."

Kurze Zeit darauf kam eine Schamanin vom Stamm der Cherokee mit zwei Freunden extra aus Amerika zu mir ins Büro nach Tokio. Sie sagte mir Folgendes:

„Herr Emoto, Sie wurden bereits 700 Mal wiedergeboren. Jedes Mal lehrten Sie über Wasser und Schwingungen. Mein Urgroßvater hat vorausgesagt, dass ich einmal einem Mann begegnen werde, der mit verschiedenen Stimmgabeln die Welt bereist. Damit meinte er Sie, nicht wahr?"

Diese fast zur gleichen Zeit getätigten Aussagen zweier Frauen über meine Reinkarnationen versorgten mich mit schlagkräftigen Argumenten und positiven Informationen. Sie klärten Fragen nach dem Warum, die mich bisher beschäftigt hatten: Warum wusste ich gewisse Dinge, oder warum wurde ich von verschiedensten Menschen wie ein alter Bekannter aufgenommen?

Als ich zum Beispiel den Maya-Kalender zum ersten Mal sah, dachte ich: „Irgendwie kenne ich diesen Kalender schon lange. Warum wird er heute nicht mehr verwendet?" Jetzt unterstütze ich die Verwendung dieses Kalenders aktiv.

Auch von unterschiedlichen Ureinwohnern auf der ganzen Welt werde ich beinahe wie ein Bruder aufgenommen. Zusammen führen wir überall Gebetszeremonien für das Wasser durch.

Besonders mit Vernon, einem Ältesten des Stammes der Hopi in Arizona, pflege ich einen wahrhaft brüderlichen Umgang.

Des Weiteren fühle ich mich zu den Takenouchi-Dokumenten hingezogen, obwohl ich mich in altjapanischer Geschichte überhaupt nicht auskenne, und habe seltsamerweise die Aufgabe übernommen, den Heitate-Schrein im Aso-Gebiet auf der Insel Kyushu, wo sich das Original dieses Buches befinden soll, in der Welt bekannt zu machen. Zudem lasse ich das Buch *Die Takenouchi Dokumente, eine wahre Geschichte* von Wado Kosaka auf Spanisch im TOMO-Verlag im fernen Mexiko veröffentlichen.

Was mich von diesen seltsamen Erinnerungen am meisten beunruhigt, ist die Tatsache, dass die Eintragungen im Maya-Kalender am 21. Dezember 2012 enden. Diese Tatsache wird von verschiedenen spirituellen Menschen mit Formeln wie „Tag, an dem die Erde in den Photonengürtel eintritt", „Untergang der Menschheit", „Tag der Auferstehung" etc. verbunden. Vielleicht haben Sie ja auch schon davon gehört, aber ich, der ich doch im Zeitalter der Maya ein Wasserguru gewesen sein soll, bin der Meinung, dass ich diese Prophezeiung tatsächlich ernst nehmen muss.

Wie es auch immer kommen mag, ob überhaupt oder gar nicht: Als vorbereitende Maßnahmen für dieses Ereignis gibt es meiner Ansicht nach nichts Besseres als die Steigerung der Aktivierungsrate unserer DNA. Nur mittels dieser Anhebung können wir in Erfahrung bringen, ob das Ereignis eintreten wird, und geeignete Maßnahmen ergreifen.

Bis dahin haben wir nur noch wenig Zeit. Da ich glaube, dass für die Aktivierung der DNA auf jeden Fall Wissen über das Wasser sowie Liebe und Dankbarkeit vonnöten sind, habe ich vor, wenigstens noch bis zum Dezember 2012 als Wassermissionar um die Welt zu reisen.

Wenn Sie mich einmal auf der Straße treffen sollten, bitte sprechen Sie mich doch mit ein paar ermunternden Worten an.

Danksagung

Für ihre Unterstützung beim Schreiben dieses Buches möchte ich der Schriftstellerin Chifumi Eta Liebe und Dankbarkeit senden.

Des Weiteren sende ich der Lektorin Fumino Takei vom Business Verlag für die außerordentlich schnelle Fertigstellung dieses Buches und für ihr offenes Ohr für meine unmöglichen Bitten Liebe und Dankbarkeit.

Auch bei den mich immer unterstützenden Mitgliedern der International Hado School möchte ich mich aufs Herzlichste bedanken. Dank ihrer Hilfe haben wir es bis hierhin geschafft, ohne den Mut zu verlieren.

Fast hätte ich vergessen, einem überaus wichtigen Menschen Liebe und Dankbarkeit auszusprechen. Es ist Herr Masaya Sato, der vor etwa zwölf Jahren den Wasserkristall fotografierte, der die Worte Liebe und Dankbarkeit gesehen hatte. Ohne dieses Bild wäre mein Leben sehr viel langweiliger gewesen. Herzlichen Dank für diese wirklich wundervolle Aufnahme.

Herr Sato hat die Herausgabe der Monatschrift *Love & Thanks* von I. H. M. übernommen und entsendet also auch in Zukunft jeden Monat Liebe und Dankbarkeit.

Seit etwa 30 Jahren beschäftige ich mich mit Schwingungsmessungen und Hado-Beratung. In dieser Zeit habe ich die unterschiedlichsten Menschen kennen gelernt. Viele Menschen haben mich unterstützt. Darunter befinden sich auch solche, die „die Botschaft des Wassers" für mich vielen anderen Leuten vermitteln. Ich möchte diesen Menschen aus tiefstem Herzen meinen Dank aussprechen – dafür, dass ich sie treffen durfte, sie mich anspornten, mich führten und mich unterstützten.

Zum Schluss möchte ich mich von ganzem Herzen bei allen Angestellten von I. H. M. und OFFICE MASARU EMOTO bedanken, die mich in den letzten 20 Jahren in guten und in schlechten Zeiten unterstützt haben. Ohne ihre Unterstützung hätte ich wohl nie so viele Bücher schreiben und nicht so viele Male die Welt umrunden können, um als Wassermissionar die Botschaft des Wassers zu verkünden. Der Platz reicht nicht aus, um all ihre Namen zu erwähnen, aber ich spreche ihnen aus tiefstem Herzen Liebe und Dankbarkeit aus. Herzlichen Dank!

Dieses Buch widme ich meiner Frau Kazuko, die vor zehn Jahren mit Hilfe ihrer Ersparnisse *Die Botschaft des Wassers* veröffentlichte. Vielen Dank für alles und bitte unterstütze mich auch weiterhin so wunderbar!

Prag, 22. Mai 2009
In Liebe und Dankbarkeit für alle Menschen dieser Erde

Masaru Emoto

Masaru Emoto

wurde 1943 in Yokohama geboren, studierte Internationale Beziehungen an der Universität von Yokohama. 1986 gründete er die I. H. M. AG, 1992 promovierte er an der Open International University in Alternativer Medizin. In Amerika begegnete er dem MRA-Messgerät und dem Mikrocluster-Wasser und begann dann mit seiner eigenen Wasserforschung. Derzeit ist er Repräsentant der OFFICE MASARU EMOTO G. K. 1999 veröffentlichte er zum ersten Mal weltweit *Die Botschaft des Wassers,* einen zweisprachigen Bildband mit Wasserkristall-Fotografien. *Die Botschaft des Wassers* erzeugte eine Resonanz in den Herzen vieler Menschen, so dass das Buch ein Weltbestseller wurde. Im Mai 2005 hielt er einen offiziellen Vortrag vor der UN, in dem er das Emoto-Projekt ins Leben rief, in dessen Rahmen 650 000 Exemplare des Bilderbuches *Die geheimnisvolle Sprache des Wassers* kostenlos verteilt wurden. Dies ist eines der Projekte im Verlauf der von der UN ausgerufenen Dekade „Water for Life". Masaru Emoto ist Verfasser zahlreicher Bücher.

www.masaru-emoto.net